Monika Fritz

Meine Salbenküche

Monika Fritz

Meine Salbenküche

Salben und Cremes selber herstellen

Bibliografische Information der Deutschen Nationalbibliothek
Die Deutsche Nationalbibliothek verzeichnet diese Publikation in
der Deutschen Nationalbibliografie; detaillierte bibliografische
Daten sind im Internet über http://dnb.d-nb.de abrufbar.

Das Werk einschließlich aller Teile ist urheberrechtlich geschützt.
Jede Verwertung ist ohne Zustimmung des Verlages unzulässig.
Das gilt insbesondere für Vervielfältigungen, Übersetzungen,
Mikroverfilmungen und die Einspeicherung und Verarbeitung in
elektronischen Systemen.

ISBN 978-3-942128-06-3
© Copyright 2011 by CORONA, Hamburg
Alle Rechte vorbehalten
Satz und Layout: CORONA, Hamburg
Lektorat: Thomas Götz M.A.
Printed in Germany

Inhaltsverzeichnis

Einleitung 7
Kräuter sammeln 10
Welche Pflanzen und Teile werden gesammelt? 11
Sammelkalender der wichtigsten Heilpflanzen 13
Wie werden Heilkräuter getrocknet? 17
Richtig lagern 18
Utensilien für die Salbenherstellung 19
Was braucht man aus der Apotheke? 19
Bedeutung verwendeter Begriffe 20
Herstellung eines Kräuteröls 21
Herstellung einer Tinktur 23
Weihrauch für die Schönheit 25

Öle und Fette für die Salben und Cremes 26
   Kakobutter 26
   Sheabutter 28
   Wollfett 29
   Avacadoöl 31
   Olivenöl 32

Ätherische Öle 35
   Anis 35
   Basilikum 35
   Bergamotte 36
   Eukalytus 37
   Fenchel 38
   Kamille 39
   Kardamom 40
   Latschenkiefer 41
   Lavendel 41
   Lemongras 42
   Melisse echt 43
   Muskatellersalbei 44
   Patschuli 45

Pfefferminze	45
Rose	46
Rosmarin	47
Teebaum	48
Ylang-Ylang	49
Zedernholz	49
Zimt	50
Zitrone	51

Herstellung, Anwendung und Rezepturen 52
- Aloe vera 53
- Argan 56
- Arnika 59
- Beinwell 62
- Blutwurz (Tormentill) 64
- Fichte 66
- Johanniskraut 68
- Kamille 72
- Lavendel 75
- Melisse 78
- Ringelblume 83
- Rose 88
- Schafgarbe 91
- Schöllkraut 94
- Schwedenkräuter aus Omas Apotheke 97
- Wacholder 101
- Hamamelis (Zaubernuss) 104
- Knoblauch 108
- Propolis 111

Rezepturen für Öle 117

Rezepturen für Bäder 121

Schlusswort 125
Über die Autorin 126
Quellennachweis 127

Einleitung

Salben für den Eigenbedarf sind relativ einfach selbst herzustellen. Bevor Apotheken und Pharmaindustrie Pillen, Pulver und Salben mixten, war es für die Menschen eine Selbstverständlichkeit, ihre Heilmittel selbst herzustellen. Dieses Wissen geriet durch die bequemeren Fertigpräparate zunehmend in Vergessenheit, und das, obwohl gerade die Zubereitung von Salben und Creme kinderleicht ist. Dennoch gibt es auch hierbei einige Dinge zu beachten. So lautet das erste Gebot, möglichst sauber zu arbeiten. Wer keine Spülmaschine hat, sollte die Gerätschaften so heiß wie möglich spülen. Anschließend ist es ratsam, sie nicht abzutrocknen, sondern auf einem Küchenpapier abtropfen zu lassen. Die Werkzeuge sollten aus Holz, Porzellan, Emaille oder feuerfestes Glas sein.

Man benötigt klein geschnittene Kräuter, gleichwohl im getrockneten oder frischen Zustand, die der Salbe zugefügt werden, einen Holzlöffel zum Rühren und einen Mörser zum Zerkleinern der Pflanzen. Weiteres Zubehör ist das Salbenpfännchen zum Schmelzen des Fettes, einen Topf zum erneuten Erhitzen der Mischung, ein Leinentuch (Mullwindel), einen Messbecher, eine Waage und saubere, verschließbare Tiegel für die Salbe zum Einfüllen und Aufbewahren. Übrigens benutze ich meinen Mörser als Salbenpfännchen, indem ich ihn ins Wasserbad stelle; er sollte allerdings groß genug sein.

Für die Haltbarkeit einer Creme oder Salbe ist vor allem die Lagerung wichtig. In der Regel hält sie sich 1 Jahr. Ich bewahre meine Salben im kühlen, dunklen Keller auf. In einer modernen Wohnung gibt es nicht immer einen Keller. Die Alternative wäre, dass Sie die Tiegelchen in dunkle Plastikfolie packen und im Gemüsefach des Kühlschranks lagern. Natürlich ist es auch wichtig, die Salben mit Datum zu beschriften, um zu wissen wie lange sie noch haltbar sind. Eine Besonderheit möchte ich nicht vergessen, hier noch anzusprechen, denn es liegt mir sehr am Herzen: Viele verwenden für ihre Salben- und Cremezubereitung Melkfett. Ich halte das für nicht so gut, denn Melkfett wird aus Erdöl hergestellt und gerade wir wollen doch keine Chemie in unseren Salben und Cremes haben. Daher benutze ich Wollfett, Shea- oder Kakaobutter.

Immer mehr in der heutigen Zeit suchen viele Menschen nach Alternativen, mit denen sie kleinere Beschwerden selbst heilen können, z. B. bei Erkältungen, Kopfschmerzen oder wenn sie eine Magenverstimmung haben. Natürlich ersetzt das bei ernsten Erkrankungen nicht den Weg zum Arzt, der vor allem die richtige Diagnose stellen muss. Doch Kräuter und Heilpflanzen eröffnen einem Möglichkeiten, auch ohne chemische zusammengesetzte Medikamente Linderung zu finden. Dabei wird die Heilwirkung der Kräuter oft unterschätzt, weil es seit dem letzten Jahrhundert sehr rasch wirksame Medikamente gibt. Doch vergessen wir nicht: Über viele Jahrhunderte hinweg waren Kräuter die einzige Apotheke des einfachen Volkes und die ältesten Heilmittel überhaupt.

Bereits die alten Griechen wussten um die Heilwirkung von mehr als 500 Pflanzenarten und nutzten deren Rinden, Wurzeln, Blätter, Samen und Blüten für medizinische Zwecke. Im Mittelalter waren es in Deutschland vor allem die Klöster, die die Kräuterkunde pflegten. Innerhalb der Klostermauern befanden sich große Gartenanlagen mit Heilkräutern. Das Wissen über ihre Zubereitung und Anwendung wurde in bedeutenden Schriften wie z. B. der Heilkunde von Hildegard von Bingen niedergelegt. Auch das einfache Volk wusste, welche Kräuter bei Erkrankungen halfen.

Kräuter sammeln

Wer Kräuter sammeln möchte, kann das ohne Probleme tun. Einige Pflanzen stehen jedoch unter Naturschutz und sollten in Ruhe gelassen werden. Zudem darf nur gesammelt werden, was man wirklich gut kennt; manchmal haben Pflanzen ziemlich überzeugende Doppelgänger mit geringer oder schädlicher (Gift-) Wirkung. Die Pflanzen sollten gesund, sauber, ohne Flecken und unbeschädigt sein.

Die meisten Pflanzen haben bestimmte Zeiten, in denen gewünschte Inhaltsstoffe besonders stark konzentriert sind. Das kann zu einer bestimmten Jahres- oder auch Tageszeit der Fall sein. So sammelt man z. B.

- die oberirdischen Teile einer Pflanze, wenn sie im frühen oder späten Sommer besonders kräftig sind.

- Wurzeln dagegen in der Vegetationsruhe. Beim Sammeln gilt generell, dass die Pflanzen trocken, aber auch nicht der vollen Sonnenhitze ausgesetzt sein sollten. Die beste Zeit zur Ernte ist an einem bedeckten, warmen Vormittag.

- Kräuter und Pflanzen nicht, die an verkehrsreichen Straßen und an frisch gedüngten Feldern und Wiesen.

Welche Pflanzen und Teile werden gesammelt?

Von den meisten Pflanzen werden jeweils nur Teile gesammelt, entweder die Blüten wie beim Johanniskraut oder der Kamille, Blätter bei der Pfefferminze oder die Wurzel beim Baldrian, die Früchte wie bei den Wachholderbeeren und Hagebutten oder die Rinde der Eiche. Von einem Teil der Pflanzen wird der gesamte aus der Erde herausragende Teil verwendet. Dieser oberirdisch wachsende Teil wird auch als Kraut bezeichnet. Bei anderen Pflanzen werden nur die Samen oder Knospen gesammelt.

Grundsätzlich soll das Sammeln von Heilpflanzen zu einem Zeitpunkt geschehen, an dem diese den höchsten Gehalt an Wirkstoffen haben. Allgemein gilt:

- Wurzeln und Wurzelstöcke sammelt man, wenn die Pflanzen vollständig entwickelt sind, also im Herbst und beim abnehmenden Mond. Man befreit sie vor dem Trocknen sorgfältig von der Erde.

- Kräuter werden während der Blütezeit bis kurz vor dem Samenansatz bei zunehmendem Mond gesammelt. Dies kann von Mitte Mai bis September sein (siehe nachfolgender Sammelkalender).

Alle Heilpflanzen sollten nur an trockenen Tagen gesammelt werden.

Hinweis

Die Anleitungen in diesem Buch sind sorgfältig recherchiert und geprüft worden. Dennoch ist jegliche Haftung für Personen-, Sach- und Vermögensschäden ausgeschlossen, soweit gesetzlich zulässig. Insbesondere handelt es sich bei den Ratschlägen und Empfehlungen dieses Buches um unverbindliche Auskünfte. In allen medizinischen Fragen ist der Rat eines Arztes maßgebend.

Sammelkalender der wichtigsten Heilpflanzen

Januar
Mistel

Februar
Mistel, evtl. Huflattich-Blüten

März
Alantwurzel, Bärentraubenblätter, Huflattich-Blüten, Schlüsselblumen (Blüten und Wurzeln), Veilchenblüten, Weidenrinde und Schlehendornblüten

April
Blutwurz, Eichenrinde, Faulbaum-Rinde, Frauenmantel, Hirtentäschel, Kiefernspitzen, Klettenwurzel, Löwenzahnwurzel, Lungenkraut, Schöllkraut, Ulmenrinde, Kiefer und Zwergholunder-Blüten

Mai
Birkenblätter, Birkenkleeblätter, Brombeerblätter, Spitzwegerich-Blätter, Storchschnabelkraut, Taubennesselblüten, Vogelknöterich-Kraut, Waldmeisterkraut und Wermutblätter

Juni
Andorn-Blätter und Andornkraut, Benediktenkraut, Bilsenkraut, Bitterklee-Blätter, Bochsbart-Blüte, Borretsch, Bruchkraut, Fieberklee-Blätter, Fünffingerkraut, Gänsefingerkraut, Goldfingerkraut, Heckenrosen-Blüten, Heidelbeerblätter, Himbeerblätter, Holunderblüten, Johanniskraut- und Blüten, Kamillenblüten, Wilde Malve, Katzenpfötchen-Blüten und Kraut, Königskerzenblüten, Krauseminze, Kreuzblumenkraut, Lavendelblüten, Lindenblüten, Melissenblätter, Nelkenwurz, Malvenblüten, Nussbaum-Blätter, Pfefferminzblätter, Pestwurz-Blüten und Blätter, Quendelkraut, Rautenblätter, Rosenblüten, Salbeiblätter, Sanikelkraut, Schachtelhalmkraut, Schafgarbenkraut, Silbermantel-Blätter, Weißdornblätter und Weißdornblüten, Wundklee-Blüten, Ysopkraut und Zitronenmelisse

Juli
Arnikablüten Augentrostkraut, Bohnenkraut, Dostenkraut, Ehrenpreiskraut, Eibischblätter, Eisenkraut, Fingerhutblätter, Frauenmantel, Edelgamander, Goldmelissen-Blüten, Heidelbeerblüten, Heidnisch, Wundkraut, Honigkleeblüten, Labkraut, Majoran-Kraut, Nelkenwurzkraut, Odermennigkraut, Preiselbeerblätter, Ringelblume, Römische Kamille, Schafgarbenblüten und Schafgarbenkraut, Schmerwurz, Seifenkraut und Seifenwurzel, Sonnentaukraut, Stechapfelblätter, Stockrosenblüten, Taubnessel-Blüten und Taubnesselkraut, Vogelknöterich-Blätter, Wasserpfefferkraut, Wermutkraut mit Blüten und Wollblumen-Blüten

August

Andornkraut, Arnikablüten, Augentrostkraut, Benediktenkraut, Bibernellwurzel, Bilsenkrautblätter, Blutwurz, Brombeerblätter, Bruchkraut, Ehrenpreis, Eibischblätter, Eisenhut, Fingerhut, Frauenmantel, Goldmelissen-Blüten, Hagebutten, Heckenrosen Blüten, Heidelbeeren, Hamamelisblätter und Hamamelisrinde, Wundkraut, Himbeerblätter, Isländisches Moos, Kamille, Katzenpfötchen, Knoblauchzwiebeln, Königskerzenblüten, Krauseminzeblätter, Labkraut, Lavendel, Melisse, Odermennigkraut, Pfefferminze, Preiselbeerblätter, Quendelkraut, Rainfarnblüten, Rautenkraut, Ringelblumen, Schachtelhalmkraut, Schafgarbenblüten, Silbermantel, Sonnentaukraut, Spitzwegerich, Stechapfel, Stiefmütterchen, Stockrosen, Tausendgüldenkraut, Vogelknöterich, Wachholderbeeren, Wermutkraut mit Blüten, Wundklee, Ysop und Zwergholunder

September

Alantwurzel, Baldrianwurzel, Eisenhutwurzel, Fenchelfrüchte, Hauhechelwurzel, Herbstzeitlosensamen, Holunderbeeren, Petersilienfrüchte, Silberdistelwurzel, Stechapfelsamen, Wachholderbeeren, Weißdornfrüchte und Zaunrübenwurzel

Oktober

Engelwurz, Fenchelfrucht, Heuhechelwurzel, Klettenwurzeln, Kreuzdornbeeren, Liebstöckelwurzel, Löwenzahnwurzel, Petersilienkraut, Quittensamen und Wurmfarnwurzel

Mit dem 31.10. endet die Sommerzeit für Hexen, Wicca, Pagane und Naturgläubige.

November
Baldrianwurzel, Enzianwurzel, Isländisches Moos, Klettenwurzel, Löwenzahnwurzel, Quittensamen, Wachholderbeeren und Weißdornfrüchte

Dezember
Mistel

Wie werden Heilkräuter getrocknet?

Sie sollten möglichst kurz nach dem Sammeln verarbeitet und getrocknet werden. Für das Trocknen von kleineren Mengen genügen engmaschige Netze, Siebe oder eine Mullwindel; für größere Mengen eignen sich flache Holzkisten oder große Siebe. Anderweitig lässt sich auch mit einem Leinentuch behelfen, das über den Fußboden gespannt wird. Das sichert die Belüftung von allen Seiten.

Bei langsamer natürlicher Trocknung, in der Sonne oder im Schatten, bleiben die Wirkstoffe am besten erhalten. Die meisten Pflanzen werden im Schatten getrocknet. Das Trocknen in der Sonne eignet sich nur für weniger empfindliche Pflanzenteile wie Blätter und Blüten. Heilpflanzen, die ätherische Öle enthalten, trocknet man immer im Schatten. Die gesammelten Pflanzenteile werden in möglichst dünner Schicht ausgebreitet und öfters gewendet. Langstielige Kräuter wie Lavendel, Rosmarin oder Majoran usw. können als Sträuße, mit dem Kopf nach unten, zum Trocknen aufgehängt werden.

Richtig lagern

Die Lagerung von getrockneten Kräutern sollte am besten in sauberen, starken und gut verschließbaren Papiertüten erfolgen. Ich verwende große Dosen, Teedosen oder Plätzchen-Dosen. Sie sollten an einem trockenen, dunklen, kühlen Ort aufbewahrt werden. Es eignen sich auch dunkle Glas- oder Tongefäße, besonders bei Kräutern die ätherische Öle enthalten; sie verlieren sonst zu schnell ihre Wirkung. Insgesamt gilt, dass getrocknete Kräuter getrennt von anderen stark riechenden Dingen und vor Schädlingen wie Ungeziefer geschützt gelagert werden sollten. Da Kräuter sich im trockenen Zustand sehr ähneln, ist es von Vorteil die Behältnisse immer zu beschriften, um keine Verwechslungen in Kauf zu nehmen.

Die Haut – unser schönstes Kleid und unser größtes Organ. Für die Kosmetik gilt das Gleiche wie für den Körper. Ein Sprichwort der Asiaten lautet:

> *Meine Nahrung ist meine Medizin*

Die Pflege für Gesicht und Körper sollte deshalb, wie meine Nahrung, natürlich und gesund sein – also reine Natur auf die Haut. Sie wird es ihnen danken.

Utensilien für die Salbenherstellung

- 1 Küchenwaage
- 1 Messbecher
- 1 Topf für das Wasserbad (er sollte so groß sein, dass 2 bis 3 Einmachgläser darin gut Platz haben).
- 1 Salbenpfännchen (ich habe einen Milchtopf mit Zotte, damit kann ich wunderbar die fertige Salbencreme in die Salbendosen einfüllen).
- Gefäße für die fertigen Salben

Was braucht man aus der Apotheke?

Alle Kräuter, die apothekenpflichtig sind, darunter auch Beinwell und Schöllkraut.

Wollfett (Lanolin)
- Wollfett-Alkoholsalbe (ist eine fertige Grundsalbe z. B. für die beschriebene Rosen-Creme auf Seite 89)
- Bienenwachs (falls man keinen Imker in der Nähe hat)
- Xanthan (ist ein natürliches Verdickungs- und Geliermittel)
- Harnstoff (ist ein Feuchtigkeitsfaktor, der hauptsächlich in Kosmetika eingesetzt wird)

- Vitamin-E-Acetat (kann man, wenn man möchte, zum Schluss den Salben und Cremes hinzufügen)
- Tegomuls ist ein natürlicher Emulgator, der auch in Lebensmittel vorkommt. Er wird aus Palmfett gewonnen. Es macht die Creme besonders luftig.
- Fluidlecithin: eignet sich besonders gut für Badeöle, Gels und Cremes. Alles, was man damit zubereitet, wird gelb.
- Eucerin ist eine fettige geleeartige Masse, die man auch mit der Wollwachsalkohol-Salbe vergleichen kann.

Bedeutung verwendeter Begriffe

Fettphase
Das sind die hergestellten Öle, die zur Herstellung einer Salbe oder Creme, wie z. B. Ringelblumenöl, Lavendelöl usw., benötigt werden.

Konsistenzgeber
Bienenwachs, Kakaobutter, Shea-Butter

Emulgator
Wollwachs, Wollwachs-Alkohole, Tegomuls, Eucerin

Wasserphase
Tinkturen, stilles Wasser, Rosenwasser

Herstellung eines Kräuteröls

Generell werden alle Kräuteröle auf die gleiche Weise hergestellt. Als Beispiel fürhren wir das Johanniskraut an.

Johanniskraut-Öl

Johanniskraut ist berühmt für seine Heilwirkungen und kann zum direkten Einreiben oder zur Verwendung in Salben und Cremes eingesetzt werden.

Äußerlich hilft es bei Muskelschmerzen, leichten Verbrennungen, infizierten Wunden, Geschwüren und Neuralgien. Innerlich unterstützt es den Verdauungsapparat.

Achtung!
Da Johanniskraut die Lichtempfindlichkeit steigert, sollte man Johanniskraut nicht vor Sonnenbädern verwenden.

Für Johanniskraut-Öl braucht man frische Blüten. Mit getrockneten Blüten funktioniert es nicht, da die getrockneten Blüten den roten Farbstoff nicht mehr abgeben. Bei allen anderen Kräuterölen, wie oben benannt, nimmt man getrocknete Kräuter oder Blüten.

Zutaten
- 1 Glas zu 2/3 voll mit frischen Johanniskraut-Blüten
- 1 kalt gepresstes Olivenöl

Anleitung
- Die Johanniskraut-Blüten werden an einem sonnigen Tag gesammelt.

- Die Blüten werden in ein Glas gelegt und mit Öl aufgefüllt, bis sie bedeckt sind. Dann wird das Glas verschlossen.

- Das Glas wird 3–4 Wochen an einen warmen, sonnigen Platz gestellt, bis das Öl eine tiefrote Farbe erreicht.

- Danach gießen Sie das Öl z. B. über eine Mullwindel und füllen es in eine beschriftete dunkle Flasche.

- Lagern Sie es an einem kühlen dunklen Ort.

Herstellung einer Tinktur

Stellvertretend für alle Tinkturen folgen nun drei Rezepturen.

Johanniskraut-Tinktur

Diese Tinktur eignet sich zum Einnehmen, um Depressionen und Nervenprobleme zu lindern. Man gönnt sich 2–3 Mal täglich 20–50 Tropfen. Achtung, auch die Tinktur darf vor einem Sonnenbad nicht eingenommen werden! Zudem bestehen zahlreiche Wechselwirkungen zwischen Johanniskraut und diversen Medikamenten. Wer auf Medikamente angewiesen ist, sollte mit seinem Arzt sprechen, ob die Einnahme von Johanniskraut bedenkenlos möglich ist.

Zutaten und Anleitung

- Ein Glas zu 2/3 mit Johanniskraut-Blüten füllen, wie bei der Ölherstellung.

- Nun wird es mit einem 40%igen Obstler aufgefüllt, bis das Kraut bedeckt ist.

- Das Glas gut verschließen und 2–6 Wochen an einem warmen Ort ziehen lassen.

- Danach wie bei der Herstellung des Öl abgießen und in eine beschriftete Flasche füllen.

Ringelblumen-Tinktur

Die Ringelblumen-Tinktur ist für vieles gut. Äußerlich kommt sie für fast alle Hautbeschwerden infrage. Sie sollte verdünnt verwendet werden, z.B. als Kompresse. Die Ringelblume verhindert Entzündungen und Eiterungen. Diese Tinktur kann auch in selbst gemachte Cremes einarbeitet werden. Innerlich eingenommen, ist sie Leber und Galle fördernd, entkrampfend und menstruationsregelnd.

Anleitung
- Man geht genauso wie bei der Johanniskraut-Tinktur vor, nur diesmal mit der Ringelblumenblüte.

Schwedenkräuter-Tinktur

Die Schwedenkräuter-Mischung bekommt man nur in Apotheken. Fragen Sie nach der Kräutermischung von Maria Treben. Die Tinktur wird genauso wie die anderen Tinkturen hergestellt.

Anleitung
- Ein Glas mit den Schwedenkräutern füllen und mit Obstler bis zum Rand aufgießen, sodass die Kräuter gut bedeckt sind.

- 4 Wochen an einem warmen, sonnigen Ort ziehen lassen.

Weihrauch für die Schönheit

Bevor ich zu den Kräutern und den dazu passenden Salben und Cremes gelange, möchte ich noch etwas zum Weihrauch sagen und warum ich so begeistert von ihm bin.

Wie wir alle wissen, war Weihrauch schon im alten Ägypten ein Heilmittel und bis 1954 stand Weihrauch sogar noch im europäischen Arzneibuch. Durch unsere moderne Medizin geriet er dann recht schnell in Vergessenheit. Doch nun wird seit einiger Zeit in der Universität Tübingen wieder geforscht, bei welchen Erkrankungen Weihrauch erfolgreich eingesetzt werden kann. Sicher sind die Forschungen bald mit Erfolg abgeschlossen, und dann wird der Weihrauch auch wieder in das europäische Arzneibuch aufgenommen.

Man sagt dem Weihrauch nach, er mildere kleine Fältchen. Deshalb gebe ich in meine selbst gemachten Tages- und Nachtcremes immer 1–3 Tropfen Weihrauchöl hinein. ich bin von seiner effektiven Wirkung überzeugt.

Achtung!
Bitte tragen Sie niemals ein ätherisches Öl pur auf die Gesichtshaut auf, denn dies kann zu **Verätzungen** führen!

Öle und Fette für die Salben und Cremes

Kakaobutter

Die Kakaopflanze (Theobroma cacao), die bis zu 15 Meter hoch werden kann, gehört zu der Gattung der Sterkuliengewächse und wächst nur in den Tropen. Aus den Kakaobohnen wird Kakaopulver und Kakaobutter hergestellt. Das Pulver dient als Grundstoff für Schokolade. Kakaobutter wird sowohl als Speisefett verwendet und zugleich ist er auch Bestandteil von Kosmetika. Beheimatet ist die Pflanze ursprünglich in Mittel- und Südamerika. Heute wird sie auch in anderen tropischen Regionen angebaut. Der Kakaobaum wurde bereits von den Azteken und den Mayas kultiviert; der Ursprung liegt am Amazonas und am Orinoko. Die Azteken betrachteten den Kakaobaum als heilig, er galt als Geschenk des Gottes Quetzalkoatl. Aus den Bohnen wurde ein würziges Getränk zubereitet – Xocoatl, woraus unser Begriff »Schokolade« entstand. Das herbe, mit Wasser zubereitete Getränk war ursprünglich nicht gesüßt, enthielt außer Kakao und Vanille auch scharfe Peperoni und hatte mit unserer süßen Schokolade geschmacklich noch nicht viel gemein. Die Kakaobohne und das Xocoatl-Getränk gelangten erstmals durch den spanischen Konquistador Cortez im 15. Jahrhundert nach Europa. Anfangs war es wegen des scharfen Geschmacks nicht sehr erfolgreich. Im 17. Jahrhundert entwickelte sich der Kakao durch den

Zusatz von Zucker und Milch statt Wasser zu einem Luxusgetränk in ganz Europa. Im 18. Jahrhundert, angelehnt an diverse Mythen, die sich um das Gottgeschenk des Kakaos ranken, nannte der schwedische Botaniker und Zoologe Carl von Linné die Kakaopflanze »Theobroma«, was so viel wie »Speise der Götter« bedeutet.

Kakao ist ein reichhaltiges Produkt, das mehr als 300 verschiedene Substanzen enthält. Darunter befinden sich stimulierende Substanzen wie Theobromin und Koffein und stimmungsaufhellende Wirkstoffe, wie Phenylethylamin, das auch gegen Depressionen und bei Liebeskummer helfen soll. Auch wird der Pflanze eine leicht aphrodisierende Wirkung nachgesagt. In der Volksmedizin Mittelamerikas spielt Kakao eine wichtige Rolle und findet zahlreiche Anwendungsgebiete. Kakao enthält aber nicht nur Stoffe die Wohlbefinden auslösen können, sondern auch gesundheitsfördernde Stoffe. Wissenschaftler der Universität Münster haben im Kakao eine neue Stoffklasse entdeckt und konnten diese isolieren. Die Stoffklasse erhielt den Namen Cocoheal. Dieser Stoff wirkt wachstumsfördernd auf Hautzellen, unterstützt die Wundheilung und ist ein Wirkstoff der Faltenvorbeugung. Auf Grund seiner hautpflegenden Eigenschaften ist die Kakaobutter ein klassischer natürlicher Inhaltstoff für die Kosmetik. Sie wird für die Herstellung von Lippenstiften, Badezusätzen, Hautcremes in Kombination mit Shea-Butter verwendet. Kakaobutter macht die Haut weich und ist bei trockener Haut ideal.

Sheabutter

Die Sheabutter wird aus den Nüssen des Sheabaums gewonnen. Dieser wächst in den Savannen Westafrikas (in der Sub-Sahel-Zone). Seit Jahrhunderten nutzt die einheimische Bevölkerung die pflegenden und heilenden Eigenschaften der Sheabutter. Das Besondere an der Shea-Butter ist der hohe Anteil an Unverseifbarem. Sie enthält davon etwa 11 Prozent. Zum Vergleich: Avocadoöl ca. 6 Prozent, Sesamöl 1,5 Prozent und Ölivenöl bis 1,2 Prozent.

Das Unverseifbare in der Sheabutter ist eine ungewöhnlich wirksame Substanz zum Geschmeidigmachen der Haut. In Pflegeprodukten schätzt man die feuchtigkeitsbindende Wirkung auf der Oberhaut. Sie eignet sich aufgrund ihrer Eigenschaften besonders gut als Hautpflegemittel. Sheabutter wird ohne Verwendung von chemischen Zugaben auf traditionelle Weise gewonnen. Die Nüsse werden gesammelt und gelagert, bis der optimale Reifegrad erreicht ist. Dann werden die Nüsse gestampft und die gewonnene Masse auf ca. 50 Grad erhitzt. Die Sheabutter wird flüssig, löst sich von den Schalen und wird abgeschöpft. Beim Abkühlen entsteht eine weißgelbliche Masse. Bei dieser schonenden Gewinnung bleiben die heilenden und pflegenden Substanzen erhalten.

Narbengewebe wird durch die Massage mit Shea wieder elastisch. Die Rückbildung von Schwangerschaftsstreifen wird durch die Massage mit der Sheabutter unterstützt.

Besonders zu empfehlen ist Sheabutter vor und nach einem Sonnenbad oder einem Besuch im Sonnenstudio. Sheabutter hat einen Schutzfaktor von 3–4. Gerade hier ist die Verwendung von Sheabutter angesagt, damit sich die durch das Sonnenbad stark beanspruchte Haut wieder erholen kann.

Bei Neurodermitis kann Sheabutter die Folgeerscheinungen deutlich lindern. Betroffene Personen berichten, dass nach der Anwendung von Sheabutter sich nach einiger Zeit ein samtiger Film auf der Haut gebildet hat, der dort lange verbleibt.

Wollfett

(gereinigtes Wollfett, lat. Lanolinum, Adeps lanae, frz. Lanoline, engl. Lanolin). Das schon im Altertum als Oesypus medizinisch benutzte Wollfett geriet später in Vergessenheit. Erst 1885 wurde es wieder von Liebreich als gereinigtes Wollfett in den Arzneischatz eingeführt. Das rohe Wollfett findet sich im Wollschweiß der Schafe und geht beim Waschen der Wolle in das Waschwasser der »Wollwäschereien« sowie in das durch Zusatz von Säuren daraus abgeschiedene Wollwaschfett über. Zur Trennung des Wollfettes von den freien oder gebundenen Fettsäuren verwandelt man die letzteren in unlösliche Kalkseifen und zentrifugiert darauf das Wollwaschwasser oder das mit Wasser emulgierte Wollwaschfett, worauf man das abgeschiedene

Rohlanolin durch Zusammenschmelzen mit Marmorkalk, völliges Befreien von Wasser, mehrfaches Umschmelzen und schließlich durch Extrahieren mit Azeton in reines Wollfett überführt. Das so erhaltene wasserfreie Wollfett (lat. Adeps Lanae anhydricus) des D A B, eine hellgelbe salbenartige Masse von schwachem eigentümlichen Geruch, ist in Wasser unlöslich, aber imstande, die 2–3 fache Menge Wasser aufzunehmen, ohne die salbenartige Beschaffenheit zu verlieren, und schmilzt bei 40 Grad Celsius. Von der tierischen Haut wird es resorbiert und zeigt wenig Neigung zum Ranzigwerden. Reines Wollfett darf nur einen sehr geringen Aschenrückstand hinterlassen und nur eine Spur freier Säure, hingegen keine Alkalien, Chloride und Glyzerin enthalten. In chemischer Hinsicht ist es als ein Gemisch von Cholesterin- und Isocholesterin-Fettsäureester aufzufassen. Als Identitätsreaktion dient daher der Cholesterinnachweis. Löst man 1 g Wollfett in 50 g Chloroform und schichtet die Lösung über Schwefelsäure, so entsteht an der Berührungsstelle eine Zone von feurig-braunroter Färbung. Ein besonders gut gereinigtes Wollfett wird als Alapurin in den Verkehr gebracht. Während das wasserfreie Wollfett nur im Großhandel, in den Apotheken und Drogenhandlungen zur Herstellung von Salben Verwendung findet, ist das wasserhaltige Wollfett, schlechtweg Lanolin genannt, ein Gegenstand des Kleinhandels. Das wasserhaltige Wollfett (Adeps lanae cum aqua des D A B), eine Mischung von 75 Teilen Wollfett und 25 Teilen Wasser, stellt eine gelblich weiße salbenartige Masse dar, die sich beim Erwärmen im Wasserbad in eine wässrige und eine auf dieser schwimmende ölige Schicht trennt, und soll nach dem Trocknen bei 100 Grad nicht mehr als 26 Prozent an Gewicht verlieren. Um das wasserhaltige Wollfett recht geschmeidig zu machen, setzt man ihm öfters noch Olivenöl zu. Die Wollfettsalbe des D A B enthält 20 Prozent Olivenöl. Für kosmetische Zwecke werden dem Lanolin vielfach ätherische Öle, Vanillin und dergleichen zugesetzt.

Avocadoöl

Die Avocadopflanze (Persea americana) ist eine Pflanze aus der Familie der Lorbeergewächse. Der Baum kann bis zu 15 Meter hoch werden und ist in Mittelamerika beheimatet, wo er von den Azteken kultiviert wurde. Den Namen verdankt die Frucht dem aztekischen Wort »ahuacat«, das die Frucht wegen ihrer charakteristischen Form trägt. Mittlerweile wird der Baum auch in Südafrika, im Mittelmeerraum und in Kalifornien angebaut. Die birnenförmigen Früchte sind bis zu 1,5 kg schwer und werden im grünen Zustand geerntet. Die eigentliche Reife setzt erst nach der Ernte ein. Avocadobäume werden nicht nur wegen der Früchte, sondern auch wegen des aus ihnen gewonnenen Öls angebaut. Dieses hat weniger als Speiseöl Bedeutung, sondern weit mehr als Rohstoff für Kosmetik. Raffiniertes Avocadoöl ist ein klares Öl von gelber bis grüner Färbung ohne merklichen Geruch und milden Geschmack. Unraffiniertes Öl, das bei einigen Herstellern auch als Bio-Öl erhältlich ist, hat eine kräftigere Farbe und ein markantes Aroma.

Das Öl hat eine wertvolle Fettsäurezusammensetzung mit bis zu 85 Prozent ungesättigten Fettsäuren, hauptsächlich Palmetinöl und Linolsäure. Außerdem ist es reich an Vitamin A und E. Das reichhaltige Öl lässt sich gut auf der Haut verteilen und zieht schnell ein und wird deshalb für hochwertige Lotionen und Cremes verwendet. In den Ursprungsländern ist das Öl ein traditionelles Pflegemittel, um die Haut vor dem Sprödewerden und Austrocknen zu schützen. In der Literatur findet man viele Quellen, die auf die günstige Wirkung von Avocadoöl bei trockener und schuppender Haut hinweisen. Dies wird hauptsächlich auf den Gehalt an Phytosterinen und Vitaminen zurückgeführt. In Kombination mit Olivenöl ist Avokadoöl in milden Seifen für trockene Haut ideal geeignet. Nicht nur für die Pflege der Haut eignet sich das Avokadoöl, Haare profitieren ebenso von den pflegenden Eigenschaften des hochwertigen Pflanzenöls. Eine Haarkur mit Avocadoöl soll besonders bei sprödem und glanzlosem Haar gute Wirkung zeigen.

Olivenöl

Das wertvolle Olivenöl ist ein Pflanzenöl das die Menschheit schon sehr lange begleitet. Wissenschaftler schätzen, dass der Ölbaum (Olea europaea) seit mehr als 6 000 Jahren kultiviert wird, und damit eine der ältesten Kulturpflanzen der Menschheit ist.

Der Olivenbaum ist äußerst robust und kann viele Hundert Jahre alt werden. Als ältester Olivenbaum gilt ein imposanter, 2 000 Jahre alter Baum an der montenegrinschen Adriaküste. Der immergrüne Baum wächst in vielen subtropischen Klimazonen, vorrangig im gesamten Mittelmeerraum, aber auch z. B. in Südafrika. Olivenbäume können bis 20 Meter hoch werden. Die Olive ist eine Kernfrucht und das Öl wird durch Pressung gewonnen. Die Farbe des Öls kann von grün bis goldgelb variieren. Das Öl fand im Mittelmeerraum nicht nur als Speiseöl, sondern auch als Heilmittel Verwendung. Den alten Ägyptern war Olivenöl als vielfältiges Heilmittel bekannt. In Rom des 1. Jahrhunderts fasste Plinius der Ältere das naturkundliche Wissen seiner Zeit in der berühmten Enzyklopädie »Naturalia« historia (lat. Naturgeschichte) zusammen und empfahl Olivenöl zur äußerlichen Anwendung. Auch in der Bibel sind zahlreiche Hinweise auf die heilkundliche Anwendung von Olivenöl zu finden. Olivenöl wurde vielfältig für die Körperpflege verwendet. Es diente als Grundlage zur Herstellung von Salben und Balsamen, zur Versorgung von Wunden, Brandwunden und bei Hautrissen wurde es eingesetzt. In der mittelalterlichen Heilkunde wird Olivenöl ebenfalls erwähnt. So empfahl Hildegard von Bingen Olivenöl zur äußerlichen Anwendung von Geschwüren und gegen Verkrampfungen. Es dient als Basis für Johannisblütenöl, Arnikaöl, Ringelblumenöl und andere Kräuterauszüge sowie als Hautpflege- und Massageöl. Gemischt mit Zitronensaft wird das Öl in den Mittelmeerländern als Hausmittel zur Linderung von Sonnenbrand verwendet. Das Öl gilt als entzündungshemmend, wärmend und heilungsfördernd.

Als Körperpflegemittel ist das Olivenöl aufgrund seiner Fettsäurenzusammensetzung, die der des Unterhautgewebes sehr ähnlich ist, optimal geeignet. Darüber hinaus hat das Öl einen hohen Anteil an Vitamin E, das die Elastizität der Haut fördert. Auch zur Seifenherstellung wird es gerne benutzt, da reine Olivenölseifen wenig schäumen, dafür mild und hautfreundlich sind. Besonders Menschen mit empfindlicher Haut, die sensibel auf viele Reinigungsmittel reagieren, verwenden gerne Olivenölseifen zur Haut- und Haarpflege.

Ätherische Öle

Anis
Der Duft ist leicht, hell, spitz, würzig. Als Gewürzöl stark duftend, anregende und ausgleichende Wirkung – ideal zum Mischen mit Melisse.

Heilwirkung auf den Körper
Innerlich beruhigend, blähungstreibend in Tee oder Wasser. Zum Würzen der Speisen nach dem Kochen.

Basilikum
Der Duft – krautig, süß-würzig, frisch leicht, pfeffrig, balsamisch. Basilikum heißt übersetzt »königlich«.

Heilwirkung auf den Körper
Anregend, stärkend; antiseptische, schleimlösende und entkrampfende Wirkungen. Entspannt bei Magen- und Menstruationskrämpfen. Ebenso wird es bei Darminfektionen und Verdauungsschwierigkeiten eingesetzt, da es darmreinigende Eigenschaften aufweist. Bei Bronchitis, Erkältungen und Grippe kommt seine schleimlösende Eigenschaft zum Zuge.

Heilwirkung auf die Seele
Aufmunternd, stimmungshebend, Balsam für Geist und Seele, konzentrationsfördernd, schafft Klarheit, gute Einschlafhilfe.

Harmonie mit anderen Düften
Bergamotte, Geranie, Neroli, Wachholder und Zypresse.

Bergamotte

Eine Kreuzung aus Bitterorange und Zitrone; wird in Süditalien, Kalifornien, Spanien und Südafrika angebaut. Der Duft ist frisch, lebhaft, süß-fruchtig, würzig-balsamisch-zitronig. Die Schalen der nicht essbaren reifen Früchte werden kalt gepresst.

Heilwirkung auf den Körper

Viele Entzündungen in Mund, Hals, Blase, Scheide und Krampfadern lassen sich damit gut behandeln. Weitere Anwendungsgebiete sind Fieber, Appetitmangel, Magersucht, Blähungen, Darmkoliken und Darmparasiten. Außerdem wirkt Bergamotte-Essenz konzentrations-, verdauungsfördernd und entkrampfend und fördert die Vernarbung und Heilung von Wunden. Die Essenz wird auch in der Raucherentwöhnung eingesetzt.

Heilwirkung auf die Seele

Der angenehm frische Duft ist ein Stimmungsaufheller. Bei Angst, Depressionen und Stress bringt er Licht ins Leben. Die angstlösende und nervenentspannende Wirkung wurde sogar wissenschaftlich bewiesen. Bergamotte gleicht Stimmungsschwankungen aus, je nach Situation kann sie beruhigen und entspannen oder anregen und tonisieren.

Es gibt uns das Vertrauen in die eigenen Kräfte und lässt uns das Ziel all unserer Unternehmen wieder klarer erscheinen.

Harmonie mit anderen Düften
Bergamotte lässt sich gut mit anderen Zitrusölen, aber auch Blütenölen und holzigen Noten, mischen. Mit Rosmarin, Zitronengras oder Eisenkraut wirkt es geistig erfrischend und anregend. Mit Ylang-Ylang oder Jasmin eher sinnlich und mit Zirbelkiefer oder Wachholder medizinisch. Daneben mischt es sich auch gut mit Geranie, Kamille, Koriander, Limette, Neroli, Zeder und Zitrone.

Eukalyptus

Der Duft ist kräftig, scharf-stechend, kampferartig, frisch mit holzigem Unterton. Ursprüngliche Heimat ist Australien; inzwischen sind ca. 600 Arten in ganz Asien, Arabien und Europa bekannt.

Heilwirkung auf den Körper
Antiseptisch, aktiviert und unterstützt die Atmung, fiebersenkend. Die Verdunstung verhindert das Ausbreiten von Keimen im Raum und ist deshalb ein Schutz vor ansteckenden Krankheiten wie z. B. Grippe. Fördert die Sauerstoffversorgung der Zellen und die Heilwirkung bei Bronchitis, Heuschnupfen, Diabetes, Migräne, Scharlach und unreiner Haut.

Heilwirkung auf die Seele
Fördert die Erfahrung der Verbundenheit mit allen Dingen und Wesen, allem Sein. Er ist anregend, fördert die Konzentration und muntert bei Lethargie auf.

Harmonie mit anderen Düften
Nadelölen und Zirbelkiefer, Fichtennadel, Zedernholz, Ysop, Thymian, Rosmarin, Lavendel, Majoran, Zitrone und Zitronengras.

Fenchel
Der Duft ist mild, erwärmend, erdig-pfeffrig, süßlich-würzig. Wild wächst Fenchel hauptsächlich an den Küsten des Mittelmeers, wird jedoch überall in Europa kultiviert. Fenchel ist eine bis zu 2 Meter hohe Staude. Schon die Römer kannten seine Heilkraft.

Heilwirkung auf den Körper
Fenchelöl ist magenstärkend, krampflösend, blähungshämmend, milchbildend, schleimlösend, antibakteriell und entschlackend.

Heilwirkung auf die Seele
Als Raumduft wirkt es wie ein Nerventonikum. Es kann psychische Instabilität ausgleichen und stärken. Bei mangelndem Selbstbewusstsein und Nervosität baut es auf. Gefühlskalte Menschen werden dazu ermutigt, sich zu öffnen

und aufzutauen. Er aktiviert die mütterlichen Instinkte im Menschen.

Harmonie mit anderen Düften
Die Wirkung wird verstärkt, wenn man es mit Anis, Kümmel und Koriander mischt. Weitere Möglichkeiten sind Melisse, Minze, Lavendel, Geranie, Sandelholz und Rose.

Kamille
Der Duft ist stark, sehr süß, krautig, warm. Die Kamille ist in ganz Europa heimisch. Unter den 200 Kamillenarten ist das blaue Öl der echten Kamille besonders heilkräftig. Der Grund ist der hohe Gehalt an Azulen.

Heilwirkung auf den Körper
Besonders entzündungshemmend, krampflösend und nervenberuhigend. Es hilft bei Geschwüren der Haut, bei Verletzungen, bei der Wundheilung, bei Sonnenbrand und bei Neurodermitis. Auch bei Menstruations- und Kopfschmerzen hat sich das milde Öl bewährt.

Wirkung auf die Seele
Sehr entspannend und kann bei allen Formen der Nervosität eingesetzt werden. Man vermag seine Gedanken vom Körper zu lösen und kommt in seiner Mitte zum Ruhen.

Harmonie mit anderen Düften
Geranie, Lavendel, Patschuli, Rose, Bergamotte, Neroli, Majoran, Jasmin, Muskatellersalbei, Zitrone und Ylang-Ylang.

Kardamom
Der Duft ist süß-würzig, wärmend, holzig, frisch, exotisch.

Heilwirkung auf den Körper
Hat einen wärmenden und entkrampfenden Effekt. Bei Verdauungsstörungen, Blähungen und Bauchkrämpfen wirkt es entspannend. Das Öl fördert die Durchblutung in den Kapillargefäßen und kann bei Spannungskopfschmerz Linderung bringen.

Wirkung auf die Seele
Bei seelischen Schwächezuständen stimuliert die Essenz und schenkt neue Frische. Sie erwärmt von innen; man steckt wieder voller Lebensenergie und die Stimmung hellt sich auf. Bei geistiger wie auch körperlicher Erschöpfung stimuliert der Duft das Gehirn und lässt neue Energie einströmen.

Harmonie mit anderen Düften
Rose, Weihrauch, Orange, Bergamotte, Zimt, Nelke, Kümmel, Ylang-Ylang, Zedernholz und Neroli.

Latschenkiefer

Der frische Duft der Latschenkiefer befreit wohltuend die Atemwege. Der Duft ist mild, waldig und frisch.

Heilwirkung auf den Körper
Keimtötend im Bereich der Atemwege, der Harnwege und der Gallenblase, schleimlösend, atmungsvertiefend. Bei Muskelverspannungen, Rheuma und Gicht wird es oft als durchblutungsförderndes Hilfsmittel eingesetzt. Dieses Öl eignet sich hervorragend zur Luftreinigung in Raucherzimmern und schlecht gelüfteten Räumen. Bei Erkältungskrankheiten und als Badezusatz wird es meist präventiv angewandt.

Heilwirkung auf die Seele
Es gibt uns Ausdauer, Kraft und Mut, es **erdet** uns. Bei Erkältungskrankheiten und als Badezusatz.

Lavendel

Der Duft ist süß, krautig, blumig, mild und klar. Die besten Anbaugebiete des Lavendels liegen in den südlichen Höhenlagen Frankreichs.

Wirkung auf den Körper
Auf der Haut wirkt es entzündungshemmend, regenerationsfördernd und verringert die Narbenbildung. Bei Hautkrankheiten wie Abszessen, Akne, Fisteln, Geschwüren, Dermatitis und Fußpilz ist es sehr wirkungsvoll. Auch bei

der Behandlung von Wunden, Verbrennungen, Augenentzündungen und Insektenstichen kann es Linderung bringen. Krampflösend wirkt es bei Asthma und Bronchitis, Migräne und Kopfschmerzen und stärkt das Immunsystem. Es vermehrt die Bildung von weißen Blutkörperchen und stabilisiert den Blutdruck in beide Richtungen.

Wirkung auf die Seele
Lavendel stärkt die Nerven, beruhigt sehr stark und hilft Spannungen abzubauen. Es wird daher bei Schlaflosigkeit, Reizbarkeit, depressiven Verstimmungen, Unausgeglichenheit, Angstzuständen, Panikattacken, Herzbeklemmungen, nervöser Erschöpfung und Stress empfohlen. Es ist auch eine gute Einschlafhilfe für Kinder und wirkt dem Auftreten von Albträumen entgegen.

Harmonie mit anderen Düften
Es mischt sich gut mit den meisten Ölen, vor allem aber mit Zitrus- und Blütenölen. Es passt auch gut zu Zedernholz, Nelke, Muskatellersalbei, Kiefer, Geranie, Cistus, Eichenmoos, Vetiver und Patschuli.

Lemongras
Der Duft ist intensiv, frisch, zitronig, spritzig, hell.

Heilwirkung auf den Körper
Gutes Antiseptikum, erfrischend, fiebersenkend, anregend

für optimistische Stimmung, schmerzlindernd; es stimuliert und entgiftet den Organismus, fördert die Durchblutung, stimuliert das Immunsystem; strafft schwaches Bindegewebe und eignet sich gut für Massagen. Wegen des hohen Citralgehaltes wirkt es antiseptisch und hilft bei manchen Hautleiden und Fußpilz.

Heilwirkung auf die Seele
Lemongras wirkt so intensiv und rasch wie eine kühle, erfrischende Dusche. Es regt die Tatkraft an, fördert die Konzentration, verstärkt die Ausdauer bei geistigen Tätigkeiten, macht müde Autofahrer wieder munter und stimmt optimistisch (einige Tropfen auf ein Taschentuch geben). Man kann es auch gegen Rauch- und Küchengerüche verwenden oder für Morgenmuffel ins Duschgel geben.

Harmonie mit anderen Düften
Es kann mit anderen Zitrusölen kombiniert werden. Es harmoniert auch mit Eukalyptus, Latschenkiefer und Lavendel.

Melisse echt

Da der Duft der Melisse sehr aufmunternd wirkt, wird die Pflanze in Südeuropa auch »Herzensfreude« oder »Lebenselexier« genannt. Die Duftrichtung ist frisch, hell zitronig, sonnig und warm.

Heilwirkung auf den Körper
Fördert ein langes Leben, antidepressiv, körperlich und geistig stimulierend, herzstärkend, löst Angstzustände. Kann pur auf Fieberblasen aufgetragen werden. Es ist ein wertvolles Schutzöl, da es negative Einflüsse von außen abschirmt oder zumindest filtert. Es kann bei Spannungskopfschmerzen und Stress als Massageöl eingesetzt werden.

Muskatellersalbei
Der Duft ist süß-würzig, heuartig, krautig, nussartig mit leicht blumiger Note.

Heilwirkung auf den Körper
Krampflösend, antidepressiv, antiseptisch; gegen Akne, fettige Haut und Haare, Hautentzündungen, Schuppen und narbiges Gewebe, schweißhemmend.

Heilwirkung auf die Seele
Stark raumreinigend; wirkt stabilisierend auf die Psyche, hilft bei Konzentrationsmangel, mentalen Blockaden und Engstirnigkeit. Der Geist öffnet sich, der Weg zum Unterbewusstsein wird frei und man wird ermutigt neue Wege zu gehen, gelangt bis an seine Grenzen und kann diese auch überschreiten. Es erweitert unser inneres Blickfeld und unterstützt Veränderungen in unserer Einstellung. Sehr gut auch als Inspirationshilfe für kreativ arbeitende Menschen geeignet. Es kann Angstblockaden lösen bei Schwellenängs-

ten, Phobien und emotionalen Spannungszuständen. Es schafft Klarheit. Es ist ein guter Duft für Menschen mit Depressionen, oder für solche, die oft traurig und melancholisch sind. Muskatellersalbei kann euphorische Gefühle auslösen und schöne Träume bewirken. Er eignet sich gut für geführte Traumreisen, Trancen und Hypnosetherapie.

Patschuli
Indonesisches energiespendendes, schweres Duftöl (sparsam anwenden).

Kosmetik
Bei müder abgespannter Haut eignet sich Weizenkeimöl gut zur Massage der Halspartie und Schläfen. *Achtung, zu viel kann Kopfschmerzen auslösen!* Daher verwenden Sie nur:
1 Tropfen Patschuliöl auf 10 ml Weizenkeimöl.

Pfefferminze
Die Pfefferminze enthält sehr viel ätherisches Öl, das bis zu 60% aus Menthol besteht. Diese Zusammensetzung macht das typische Aroma aus. Es wirkt antseptisch und antibakteriell. Die Duftrichtung ist intensiv minzig-frisch.

Heilwirkung auf den Körper
Pfefferminzöl ist ein schnell wirkendes Mittel und sollte

deshalb in keiner Hausapotheke fehlen. Es hilft bei drohender Ohnmacht, Schock, Übelkeit ebenso wie bei Schmerzen im Kopf- und Nackenbereich. Wegen seiner krampflösenden Wirkung ist 10 ml Minzöl in einem 1/2 Liter Öl oder Alkohol gelöst, welches ein bewährtes Hausmittel gegen Muskelkater, Hexenschuss und Prellungen ist. Bei Magen- und Verdauungsbeschwerden helfen im Uhrzeigersinn ausgeführte Bauchmassagen. Auch bei kranken Atemwegen, Erkältungen und Grippe eignet sich das Pfefferminzöl für Inhalation und Einreibungen.

Heilwirkung auf die Seele
Das Öl der Pfefferminze gilt als kopfwirksam. Bei geistiger Erschöpfung, Überarbeitung und Benommenheit steigert es die Konzentrationsfähigkeit und stärkt das Gedächtnis.

Harmonie mit anderen Düften
Kombiniert mit Majoran und Lavendel entsteht eine abwehrstärkende Mischung. Es harmoniert auch mit Eukalyptus, Rosmarin und Grapefruit.

Rose
Sie ist und gilt allgemein als die Königin der Blume. Geschätzt wird sie wegen ihres Wohlgeruchs, ihrer Schönheit und ihrer großen umfassenden Heilkraft, vor allem auf das Herzchakra. Der Duft ist warm, weiblich-süß, öffnend, erhebend und euphorisierend.

Heilwirkung auf den Körper
Erotisierend, antidepressiv, kühlend, stark antiseptisch, krampflösend, blutstillend und reinigend für den Unterleib. Das Rosenöl wirkt regulierend auf den weiblichen Hormonhaushalt, ist auch entzündungshemmend. Herzschmerzen und Liebeskummer lassen sich damit gut lindern.

Heilwirkung auf die Seele
Die Rose und speziell das Rösenöl öffnet das Herz, reinigt es von krank machenden Gefühlen und stärkt unseren Körper; das seelische Herz wird weich und friedvoll. Ein einziger Tropfen in das Wasser der Duftlampe gegeben reicht z. B. aus, oder man verdünnt einen Tropfen mit zwei Esslöffel Mandelöl und verreibt diesen über dem Herzen.

Rosmarin
Er ist antiseptisch und wirkt zudem durchblutungsfördernd. Der Duft ist warm, anregend und belebend, feurig und intensiv krautig.

Heilwirkung auf den Körper
Rosmarinöl gilt als Frauenöl, erwärmend, anregend, herzstärkend, magenstärkend, schweißtreibend, schmerzlindernd, leberwirksam, gedächtnisfördernd, konzentrationsfördernd. Rosmarin hilft bei Antriebslosigkeit, stärkt den Willen und erhöht die Organisationsfähigkeit. Bei niedrigem Blutdruck regt es den Kreislauf an. Bei der Massage wirkt es erwärmend.

Nicht für Epileptiker und während der Schwangerschaft verwenden!

Teebaum

Die Heimat des Teebaums liegt in Australien. Von den über 300 Arten liefert nur alternifolia das echte Teebaumöl. Achten Sie darauf, nur Öle von anerkannter Qualität zu verwenden!

Heilwirkung auf den Körper

Das herausragende Merkmal ist die hohe keimtötende Wirkung auf Pilze, Viren und Bakterien bei sehr guter Hautverträglichkeit. Keimtötend und abwehrsteigernd hilft es bei Erkältungen und Infektionskrankheiten. Bei Insektenstichen wird es pur aufgetragen. Vermeiden Sie dabei die direkte Sonne! Entsprechend bietet Teebaumöl ein breites Anwendungsspektrum: Erkältungen, Hals-, Zahnfleischerkrankung und Wunden. Einreibungen helfen bei Akne und Hauterkrankungen. Auch bei Behandlungen von Pilzerkrankungen wie Herpes liegen zahlreiche positive Ergebnisse vor.

Harmonie mit anderen Düften

Um den Duft zu verfeinern, kann es mit Zitrusölen, Lemongras oder Zirbelkiefer gemischt werden.

Ylang-Ylang

Da dieses Öl eine sehr ausgleichende Wirkung hat, wird es in der Aromatherapie bei starken Gefühlen wie Wut, Hass, Angst, Eifersucht, aber auch bei Unsicherheit und Lustlosigkeit eingesetzt. Der Duft ist blumig, süß, schwer, sinnlich bis betörend.

Heilwirkung auf den Körper
Ylang-Ylang gilt als Frauenöl. Es ist antidepressiv, erotisierend, blutdrucksenkend und senkt die Atemfrequenz.

Heilwirkung auf die Seele
Der Duft vertreibt Zweifel, Unruhe und Unsicherheit. Aufgestaute Gefühle wie Zorn, Wut, Ärger oder Enttäuschung beruhigen sich oder lösen sich ganz auf.

Zedernholz

Es wird in der Aromatherapie zur Beruhigung und Entspannung eingesetzt. Der Duft ist holzig, warm, balsamisch und leicht herb.

Heilwirkung auf den Körper
Körperpflege, Hautpflege; antiseptisch, pilztötend, regulierend bei fettigem Haar. Es regt das Drüsen-, Nerven- und Atmungssystem an. Es wirkt antiseptisch in den Harnwegen und bei einer Blasenentzündung pilztötend.

Heilwirkung auf die Seele
Es wirkt besänftigend und fördert eine tiefe Entspannung. Ist beruhigend bei Angst und Stress, kräftigt zudem den Organismus. Man fühlt sich geerdet und kann sich leichter öffnen.

Zimt
Zimt wird in ganz Asien kultiviert. Es ist ein altes und viel benutztes Gewürz. Das Öl wird aus der Rinde oder den Blättern gewonnen.

Heilwirkung auf den Körper
Zimtrindenöl wirkt stark antiseptisch. Es durchwärmt und durchblutet den ganzen Organismus und regt Herz, Atmung und Kreislauf an. Es wirkt stimulierend und bei Menstruationsbeschwerden regulierend. Allerdings ist das Öl aus der Rinde hautreizend. Für Bäder und Massagen eignet sich deshalb das mildere Zimtblätteröl, das entspannende, wärmende, nervenstärkende und krampflösende Wirkung besitzt und ein gutes Mittel bei Magen- und Darmbeschwerden oder Verspannungen der Muskulatur ist.

Heilwirkung auf die Seele
Das Öl verbreitet eine Atmosphäre der Geborgenheit, in der man sich entspannen, loslassen und träumen kann. Zimtöl kann auch aphrodisierend wirken und regt die Traumwelt und Kreativität an.

Harmonie mit anderen Düften
Wenn man Zimt mit Orange und Nelke mischt, ergibt es einen typischen Weihnachtsduft. Für sinnliche Düfte kann man es mit Jasmin, Ylang-Ylang, Ingwer, Narzisse oder Patschuli kombinieren und für eher frische Düfte mit Grapefruit oder Limette.

Zitrone
Die Zitrone wächst im Mittelmeerraum sowie in allen subtropischen Regionen.

Heilwirkung auf Körper und Seele
Zitrone ist ein guter Helfer bei Verdauungsbeschwerden und Übersäuerung des Körpers. Sie gilt als Blutreiniger und wird bei Venenbeschwerden eingesetzt. Sie stimuliert zudem die weißen Blutkörperchen, die den Körper vor Infektionen schützen und kann auch Fieber senken. Mundspülungen mit Zitronenöl kräftigen das Zahnfleisch. Der Duft regt den Geist an, fördert die Konzentrationsfähigkeit, stärkt das Gedächtnis und entfaltet eine belebende, aufmunternde Energie.

Aus der Hl. Schrift, Sirach 38, Vers 4: Der Herr lässt die Arznei aus der Erde wachsen und ein Vernünftiger verachtet sie nicht!

Herstellung, Anwendung und Rezepturen

Aloe vera

Im Himalaja heißt sie »Kumari«, die lebende Göttin, in Mexiko »Sabila«, die Wissende, auch bei uns ist sie unter Bezeichnungen wie »Pflanze der hundert Wunder« bekannt. Die Aloe-Pflanzen, die bei uns erhältlich sind, werden vor allem in Spanien, auf Malta und den Kanaren angebaut. Die weltweit größten Plantagen liegen in Texas, Florida und Mexiko. Zudem gehört sie zu den ältesten Heilpflanzen, die der Mensch kennt. Bereits 5 000 Jahre vor Christus soll diese Heilpflanze gebraucht worden sein.

Die Wirkung der Pflanze ist inzwischen medizinisch belegt und wird in unserer Zeit für allerlei Krankheiten angewendet. Hauptsächlich wird der Saft der Pflanze weiterverarbeitet. Bereits im Mittelalter war die Aloe eine der wichtigsten Heilpflanzen. Die Mönche unternahmen weite Reisen und nahmen viele Plagen auf sich, um die Pflanzen aus dem Mittelmeerraum zu uns zu bringen. In den Schriften der Klostermedizin wird sie vor allem als Mittel gegen Verstopfung, aber auch für die Behandlung von Wunden und Geschwüren empfohlen. Von den mehr als 300 verschiedenen Arten der Aloe besitzen nur zwei eine Wirkung, die in der Naturheilkunde verwendet werden. Dies ist die Aloe vera und die Aloe arborescens.

Man liest seit längerer Zeit immer wieder in Büchern, Zeitschriften und anderen Veröffentlichungen über die Wirkung der Aloe für die Haut. Tatsächlich hilft die Pflanze äußerlich angewendet als Gel oder Salbe bei kleinen Verletzungen. Fast unschlagbar ist die Aloe bei Brandwunden, Brandverletzungen und Sonnenbrand. Sie wird auch gerne von Frauen benutzt, um das Gel als Schönheitsmaske zu verwenden. Eine weitere Wirkung der Aloe ist die Unterdrückung des Körpergeruchs. Die Aloe kann aber auch bei Asthma, Akne, Hepatitis, Pilzen und Schuppenflechte eingesetzt werden.

Aloe Vera ist kein Wunderheilmittel. Aber wenn man die verschiedenen Anwendungsbereiche kennt, kann man viel Gutes gewinnen, z. B. bei kleineren Wunden, rauher Haut oder Insektenstichen. Sie enthält verschiedene Fettsäuren und Polysaccharide und diese wirken entzündungshemmend. Die Eigenschaft des schnellen Wundverschlusses ist mit einem einfachen Versuch zu beweisen. Schneidet man mit einem Messer ein Stück eines Blattes ab, so kann man fast zuschauen, wie sich das Blatt von selbst wieder schließt.

Diese Eigenschaft können wir nutzen. Bei Verbrennungen, Schürfwunden und anderen kleinen Verletzungen reicht es, ein Aloeblatt abzuschneiden und die Schnittstelle mit dem kühlen Gel auf die angegriffene Haut zu legen. Grundsätzlich sind die älteren dicken Blätter am Außenrand am besten geeignet. In ihnen sind die Wirkstoffe am stärksten konzentriert. Je frischer das Gel aufgetragen wird, desto besser.

Anwendung einer Gesichtsmaske
Von der frischen Aloe wird ein Stück eines Blattes abgeschnitten und zunächst die ledrige Außenhaut mit einem Messer entfernt. Das Gel kann durch ein kleines Sieb gedrückt werden, damit es schön sämig wird. Anschließend zusammen mit Honig und Quark in einer Schüssel vorsichtig verrühren und die Masse auf Gesicht und Hals verteilen. 10 Minuten einwirken lassen und dann abwaschen. Die Haut wird samtweich und Sie fühlen sich wohl.

Argan (Argania spinosa)

Der Arganbaum ist einer der ältesten Bäume der Welt und schon lange vom Aussterben bedroht. Da er nur noch in Marokko wächst und wegen der existenziellen Bedeutung für die Menschen der Region, hat die UNESCO das Gebiet inzwischen zu einem Biosphärenreservat erklärt. Der Arganbaum ist für die Bewohner der Baum des Lebens. Er versorgt die Menschen mit Bauholz, Brennstoff und einem Öl, das als eines der wertvollsten Nahrungsmittel der Welt gilt – das **Arganöl**.

Arganöl ist nicht nur wohlschmeckend, sondern auch gesund – eine echte Kostbarkeit. Durch seine wertvollen Inhaltsstoffe unterscheidet sich das Öl von vielen anderen Ölen. So besitzt das Öl mit die höchste Konzentration an essenziellen Fettsäuren (mehr als 80%) hauptsächlich Linolsäure und Oleinsäure. Des Weiterem findet sich ein hoher Anteil natürlicher Antioxidantien zum Schutz vor schädlichen, freien Radikalen. Es ist ungewöhnlich reich an Alpha-Tocopherol, welches die stärkste Vitamin-E-Aktivität besitzt.

Die Berber Marokkos setzen das Öl schon lange für medizinische Zwecke ein, zur Behandlung von Magen- und Darmproblemen, Herz- und Kreislaufschwierigkeiten, Sonnenbrand und zur Desinfektion von Wunden. Die traditionelle Medizin kennt die Anwendung von Arganöl bei Akne, Windpocken, Neurodermitis, Rheuma, Gelenkschmerzen und Hämoriden.

Als Speiseöl ist es zu wertvoll, um zum Braten genutzt zu werden. Daher wird das Öl eher für die kalte Küche verwendet. Das Öl hat ein feines nussiges Aroma. Man gibt es über die fertigen Salate, das Gemüse, die Fleisch und Fischgerichte.

Arganöl als Kosmetik

Die pflegende Wunderkraft der Arganien und ihrem Öl zur täglichen Hautpflege, gegen Sonnenbrand und zur Pflege der Haare ist seit Urzeiten bekannt. Viele marokkanische Frauen nehmen jeden Morgen zum Frühstück einen Esslöffel Arganöl mit Honig; dies soll der Grund sein, warum sie bis ins hohe Alter ihr jugendliches Aussehen behalten. In letzter Zeit haben französische Kosmetikkonzerne festgestellt, dass das Öl die freien Radikale bindet, die zur Zellalterung beitragen. Als Hautöl verwendet, glättet das Öl Falten, beseitigt Krähenfüße und scheint sogar den Alterungsprozess zu stoppen.

Anwendung: im medizinischen und kosmetischen Bereich und in der Küche

Arganöl-Creme
Zutaten
15 g Bienenwachs
75 g Wollfett
150 g Arganöl
120 g Rosenwasser

Wachs und Wollfett im Wasserbad schmelzen lassen. Das lauwarme Öl dazugeben. Wenn sich alles gut vermischt hat, wird nun tropfenweise, unter ständigem Rühren, das Rosenwasser untergemischt, bis sich eine weißliche Creme gebildet hat. Danach kann die Creme in saubere und beschriftete Salbentiegel gefüllt werden. Die Creme ist 1 Jahr haltbar.

Arnika
(Arnica montana)

Arnika war 1986 Blume des Jahres und 2001 Arzneipflanze des Jahres. Arnika, auch Bergwohlverleih genannt, ist eine ziemlich seltene Blume. Sie wächst hauptsächlich oberhalb von 800 Metern. Während der Blütezeit von Juni bis August verwandelt sie die Wiesen in wunderbar duftende Flächen. Da die Arnika neben diesem Duft auch noch eine große Heilwirkung hat, bezeichnet man sie auch als das Erste-Hilfe-Kraut. Die Pflanze steht unter Naturschutz und darf deshalb nicht gesammelt werden. Da auch eine Verwechslungsgefahr besteht, kann es zu Vergiftungen kommen.

Eine Anwendung in der Naturmedizin finden die Blüten und Wurzeln der Arnika. Arnika erblüht im Juni bis August; es werden die Blüten, die Blätter und das Kraut zur Blütezeit gesammelt. Die Wurzeln werden im September und Oktober ausgegraben. Daraus werden Tinkturen hergestellt. Die Wirkung der Tinktur ist sehr vielfältig; innerlich wirkt sie z. B. auf Herz und Kreislauf. Dabei ist jedoch zu beachten, dass eine richtige Dosierung stattfindet, da sonst Vergiftungserscheinungen auftreten können. Eine Anwendung sollte also nur unter ärztlicher Aufsicht stattfinden: bei Verletzungen, wie z. B. Prellungen, Quetschungen, Blutergüssen Muskel- und Sehnenzerrungen. Eine ähnliche Wirkung hat übrigens auch eine Salbe, die aus Arnikablüten besteht. Umschläge, die Arnikatinktur enthalten, können bei Schmerzen und Schwellungen helfen.

Anwendung: als Tinktur, Salbe, Umschlag

Arnika-Lanolin-Creme

Diese Creme eignet sich zur Behandlung von stumpfen Verletzungen, Muskelkater, Krampfadern und Gelenkentzündungen. Durch die Verwendung von Öl und Tinktur enthält die Creme einen hohen Wirkstoffanteil, sowohl fett-, als auch wasser- und alkohollösliche, heilende Substanzen. Dadurch kann die Arnika in dieser Creme voll zur Entfaltung kommen. Die ätherischen Öle wirken kühlend, weil bei den meisten stumpfen Verletzungen und Gelenkentzündungen Kühlung (durch den Kampfer) besser ist als Wärme. Man kann auch ganz auf die ätherischen Öle verzichten, dann hat man die reine Arnikawirkung.

Zutaten
30 ml Arnikaöl
15 g Lanolin
4 g Bienenwachs
30 ml Arnikatinktur

Weitere Zutaten: Ätherische Öle
20 Tropfen ätherisches Kampferöl
10–20 Tropfen ätherisches Latschenkieferöl
10–20 Tropfen ätherisches Minzöl
10–20 Tropfen ätherisches Eukalyptusöl

Man vermischt das Arnikaöl mit dem Lanolin und Bienenwachs und lässt es in einem Glas im Wasserbad schmelzen. In ein anderes Glas gibt man die Arnikatinktur und stellt auch sie zum Erwärmen in das Wasserbad. Wenn die Fettphase (Arnikaöl, Lanolin und Bienenwachs) geschmolzen ist, wird unter ständigen Rühren die Arnikatinktur (Wasserphase) dazugegeben. Jetzt ist es eine Creme. Wenn diese etwas abgekühlt (handwarm) ist, werden nach und nach die vier ätherischen Öle zugefügt und gut vermischt. Die Creme wird nun in Tiegel gefüllt und beschriftet (bitte Datum nicht vergessen!) Bei kühler Lagerung beträgt die Haltbarkeit ca. 1 Jahr.

Beinwell
(Symphytum officinale)

Der Name Beinwell kommt von Bein und well (engl. gut), also ein Kraut, das den Beinen guttut. Der Beinwell liebt feuchte Böden. Daher wird er oft an Wasserläufen und Senken mit gefülltem Grundwasser gefunden. Im Frühjahr wachsen raue haarige Triebe aus dem Boden. Nach wenigen Wochen wachsen Stängel aus den Trieben, die schon bald die ersten Blüten bekommen. Die Farbe der Blüten sind violett oder weißlichgelb und hängen in kleinen Trauben nach unten. Der mehrjährige Beinwell blüht von Mai bis September, die Wurzeln werden im Frühjahr im März und im Herbst von September bis November gesammelt. Die Wurzeln werden aufgeschnitten und in der Sonne getrocknet. Der Beinwell gilt als eine sehr alte Heilpflanze, die nur äußerlich angewendet werden sollte. Er wurde bereits im Mittelalter zur Behandlung von beschädigten

Knochen und eitrigen Wunden (als Umschlag) verwendet. In vielen Sportsalben wird inzwischen Beinwell verwendet, da er Schmerzen beseitigt, Schwellungen abklingen lässt, bei Knochenbrüchen hilft, Zerrungen und Verstauchungen lindert.

Beinwellsalbe

Die Beinwellsalbe ist nur äußerlich anzuwenden: bei Knochenverletzungen, Knochenhautentzündung, Sportverletzungen, Verstauchungen, Bandscheibenschäden, Tennisarm, Arthrose, Nervenschmerzen, Gelenkschmerzen, Ischias und Brandwunden.

Anwendung: Einreiben oder einen Salbenverband anlegen.

Zutaten
500 g Beinwellwurzel (aus der Apotheke)
½ Liter Olivenöl
70 g Wollfett
20 g Bienenwachs

Die Wurzeln säubern und klein schneiden. Das Wollfett in einem Topf schmelzen und das Öl dazugeben. Die Wurzeln untermischen und etwa 20 Minuten unter Rühren sanft erhitzen (nicht kochen). Durch eine Mullwindel oder ein Küchentuch abseihen und in den gereinigten Topf zurückgeben. Das Wachs in einem anderen Topf im Wasserbad schmelzen. Das geschmolzene Wachs in die Ölmischung einrühren. Nochmals erwärmen, damit sich alles gut verbindet. In beschriftete Salbentöpfchen füllen und kühl aufbewahren. Die Salbe ist 1 Jahr haltbar.

Blutwurz (Tormentill)
(Potentilla erecta)

Die Blutwurz – sein Volksname ist Tormentill und Ruhrwurz – ist eine Staude mit gelben, meist vierblättrigen Blüten. Ein besonderes Merkmal zur Erkennung der Pflanze ist die rasche Rotfärbung der Schnittstelle, wenn man den Stängel abbricht. Ein Tee aus Blutwurz ist hilfreich bei Blutungen, Blutarmut, Durchfall und auch gegen Zahnschmerzen und Zahnfleischschwund. Früher war die Pflanze zur

Behandlung von blutenden Wunden geschätzt, daher der Name »Blutwurz«. Manche Menschen ist nur unter dem Namen Tormentill bekannt. Die Pflanze ist mehrjährig und blüht zwischen Mai und September. Die Wurzeln kann man im September, Oktober oder im März selbst sammeln. Sie werden klein geschnitten und dann getrocknet. Die Blutwurz wächst sonnig bis halbschattig und man findet sie in lichten Wäldern, auf Magerwiesen und Flachmooren.

Anwendung von Blutwurz
Blutarmut, Durchfall, Entzündungen im Mund- und Rachenraum, Zahnfleischentzündungen, Magen-, Darm-Erkrankungen, Verbrennungen, Parodontose (lockere Zähne, hat bei mir geholfen) und Zahnfleischschwund.

Tinktur
Zutaten
1 Glas mit Schraubverschluss
so viel klein geschnittene Blutwurz, damit das Glas zu einem Drittel gefüllt werden kann
Obstler zum Auffüllen des Glases

Die sauberen, getrockneten Wurzeln in ein Glas mit einem Schraubverschluss geben. Mit einem Obstler auffüllen, bis die Blutwurz gut bedeckt ist. An einen warmen Platz stellen und ca. 4–6 Wochen ziehen lassen. Dann hat die Tinktur eine tiefrote Farbe angenommen.

Fichte (Picea abies)

In unseren Breitengraden ist der Nadelbaum sehr verbreitet, der uns vor allem mit Holz versorgt. Jedoch können seine jungen Triebe auch als Heilmittel verwendet werden.

Vor allem die darin enthaltenen ätherischen Öle haben bei Lungenerkrankungen eine heilende Wirkung. Aber auch bei Durchblutungsstörungen kann die Fichte erfolgreich eingesetzt werden. Die Knospen können z. B. bei Husten, rauem Hals und zur Desinfektion der Mundhöhle eingesetzt werden.

Anwendung: als Tinktur zum Einnehmen

Fichtennadel-Fuß-Gel

10 ml	Fichtennadeltinktur
½ Teel.	Wachholderölauszug
10 ml	Rosskastanientinktur
20	Tropfen ätherisches Fichtennadelöl
10 ml	Wachholdertinktur
20 Tropfen	ätherisches Wachholderöl
20 ml	stilles Mineralwasser
½ Tl.	Xanthan oder Gelbbinder
5 g	Harnstoff (bekommt man in der Apotheke)
½ Tl.	Fluidlecithin CM oder Fluidlecithin Super (auch Apotheke)

Die Zutaten bereitstellen. Die Tinkturen und das Wasser in einem Glas oder einer Schüssel vermischen und den Harnstoff darin auflösen. Das Fluidlecithin in ein Glas geben und den Wachholderölauszug und die ätherischen Öle darin gut vermischen, bis eine einheitliche Flüssigkeit entsteht. Jetzt gießt man diese in den Ölauszug und rührt solange bis sich alles gut miteinander verbunden hat. Jetzt kommt das Xanthan zur Mischung hinzu. Kräftig rühren, es dauert ca. 10 Minuten bis das Xanthan völlig aufgequollen ist. Es hat sich nun ein gelbes oder farbloses Gel gebildet und kann jetzt in die beschrifteten Behältnisse gefüllt werden.

Johanniskraut
(Hypericum perforatum)

Das Johanniskraut gehört zu den am besten untersuchten Heilkräutern. Johanniskraut ist eine in ganz Europa verbreitete Heilpflanze. Der Name leitet sich davon ab, weil die Pflanze am 24. Juni blüht, dies ist der Geburtstag von Johannes dem Täufer. Die Christen widmeten ihm das Kraut. Im Mittelalter nannte man das Kraut auch »Hexenkraut« und »Teufelsflucht«. Schon im 17. Jahrhundert wurde in Büchern über die Heilwirkung des Krautes berichtet wie es gegen Depressionen und Schwermutigkeit eingesetzt wurde. Es wirkt stimmungsaufhellend und ausgleichend und hat eine motivationsfördernde Wirkung. Heute anerkannte Anwendungsgebiete sind nervöse Unruhe und leichte depressive Verstimmungen. Zudem bestätigt die Forschung, dass ein chemischer Bestandteil des Johanniskrauts Bakterien und Pilze tötet. Die Kombination der enthaltenen ätherischen

Öle, die Gerbstoffe und die Flavonoide hemmt Entzündungen, heilt Wunden und lindert Schmerzen. Es hilft gegen Ischias und rheumatische Schmerzen.

Aus einem Ansatz der Blüten und des Olivenöl, der einige Wochen in der Sonne steht, wird das sogenannte **Rotöl** gewonnen. Dieses hat eine entzündungshemmende Wirkung und wird traditionell bei Quetschungen, Prellungen, Verstauchungen und bei leichten Verbrennungen eingesetzt. Außerdem wirkt es antibiotisch und schmerzstillend. Wegen des enthaltenen Hypericins wird Johanniskraut in der Homöopathie gegen Nervenleiden, Depressionen und Abgespanntheit eingesetzt.

Sagen um das Johanniskraut

Um dieses Kraut ranken sich viele Sagen. Im Mittelalter verwendete man es, um den Teufel zu vertreiben. Der Sage nach stammen die kleinen Löcher im Blatt des Krautes vom Teufel, der aus Bosheit über die Macht, die dieses Kraut über böse Geister und über ihn selbst besaß, die Blätter mit Nadeln zerstochen haben soll.

Der Legende nach wuchs unter dem Kreuz Christi Johanniskraut, welches die Blutstropfen Christi mit seinen Blüten auffing. Daher auch der Name »Blut Jesu Christi«.

Johanniskrautöl ist von Kopf bis zum Fuß gut. Ich habe damit meine Schuppenflechte an den Beinen geheilt.

Johanniskraut-Salbe

Diese Salbe ist eine reine Fettsalbe ohne Wasserphase. Der Hauptbestandteil ist Johannisblütenöl (Rotöl), daher kann man sie für alle Zwecke einsetzen, für die man auch Johanniskraut-Öl verwenden kann. Durch den hohen Anteil an Sheabutter ist die Salbe sehr weich und geschmeidig. Sie ist daher auch gut als Körperbutter verwendbar.

Zutaten
40 ml Johannisblüten-Öl (Rotöl)
2 g Bienenwachs
10 g Shea-Butter

Im Wasserbad Öl und Bienenwachs schmelzen. Wenn dies geschehen ist, nimmt man das Wasserbad vom Herd und fügt unter Rühren die Sheabutter zu. Wenn sich alles gut miteinander verbunden hat, kann die Salbe in Salbentiegel gefüllt werden.

Johanniskraut-Creme

Diese Creme kann gegen Hautprobleme (Ekzeme), leichte Verbrennungen, Schrunden oder Narbenschmerzen eingesetzt werden. Für diese Anwendungsarten kann das Rezept noch durch folgende ätherischen Öle ergänzt werden: *Teebaumöl, Thymian, Lavendel und Sandelholz.*

Die Creme hilft auch gegen stumpfe Verletzungen des Bewegungsapparates wie Quetschungen, Prellungen, Zerrun-

gen, Verstauchungen und Verspannungen. Dazu kann die Creme mit folgenden ätherischen Ölen ergänzt werden:
Fichtennadel, Kiefer, Kampfer und Minze.

Außerdem kann die Creme gegen Nervenschmerzen wie Ischias oder Hexenschuss mit folgenden ätherischen Ölen verwendet werden:
Lavendel, Minze, Rosmarin und Wachholder.

Aber auch ohne zusätzliche Öle ist diese Creme für die oben genannten Beschwerden zu verwenden. Denn das Öl und die Tinktur sind auch so sehr wirksam. Sie enthalten die wärmende Sonnenkraft, die das Johanniskraut in der Mitte des Sommers aufgesogen hat.

Zutaten
30 ml Rotöl
15 g Wollwachs
4 g Bienenwachs
30 ml Johanniskraut-Tinktur

Mögliche Ergänzungen für besondere Anwendungen – siehe oben beschrieben.
Zur Fettphase (Rotöl), Konsistenzgeber (Wollwachs) und Emulgator (Bienenwachs) in einem Glas im Wasserbad schmelzen. Gleichzeitig wird die Wasserphase (Johanniskraut-Tinktur) auch im Wasserbad erwärmt. Die Wasserphase wird nun unter ständigem Rühren in die Fettphase langsam dazugegeben, bis die Creme die richtige Konsistenz

hat und bis auf Handwärme abgekühlt ist. Erst dann die gewünschten ätherischen Öle dazugeben, gut vermischen und in beschriftete Salbentiegel geben. Im kühlen Raum aufbewahrt ca. 1 Jahr haltbar.

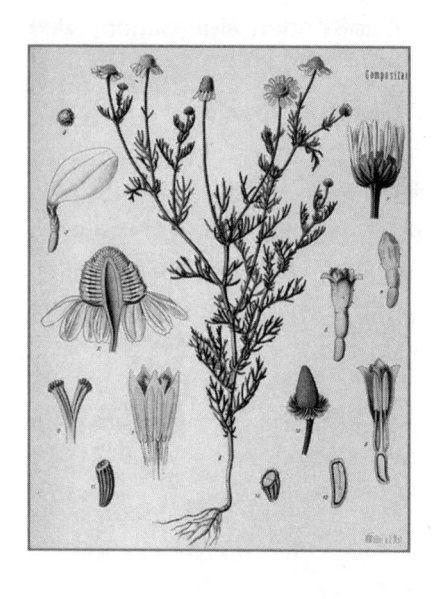

Kamille
(Matricaria chamomilla)

Die Kamille ist eine einheimische, anspruchslose Pflanze. Sie wächst auf Äckern, Wegrändern und Wiesen, wird 20 bis 50 cm hoch, hat eine weiße Blüte und blüht im Mai bis Juni. Wenn man die Blüte in den Fingern zerreibt, entsteht der typische Geruch der Kamille. Ursprünglich stammt die Pflanze aus Eurasien und wurde von den nordischen Völkern als heilige Pflanze dem Sonnengott Baldur zugeordnet. Da die Pflanze eine sehr hohe Heilwirkung hat, wurde sie schon in der Antike sehr geschätzt. In der Naturheilkunde finden vor allem die Blüten eine Anwendung. Dabei ist die Qualität der Kamille sehr stark abhängig vom Zeitpunkt des Pflückens und von der Art der Trocknung. Die beste Zeit zum Pflücken ist der dritte bis fünfte Tag nach dem Blühen. In dieser Zeit sind die Wirkstoffe am besten ausgebildet. Trocknen sollte man die Kamille sehr luftig und schattig. Das ätherische Öl hat eine entzündungshemmende, wundheilungsfördernde und krampflösende Wirkung und bakterien- und pilztötende Eigenschaft. Ferner bewirkt das in dem Öl enthaltene Alpha-Bisabol-Öl eine Hemmung der Pepsinfreisetzung im Magen und damit eine Linderung von peptischen Beschwerden. Das bezieht sich vor allem auf Magen und Darmbeschwerden, denn Pepsin ist ein Verdauungsenzym.

Im alten Ägypten wurde die Kamille dem Gott der Sonne gewidmet. Im alten England gehörte die Kamille zu den neun heiligen Kräutern. Bei der Krönung von Königen in England hat derjenige, der König wird, immer ein Kamillensträußchen dabei. Es soll heute noch so sein. Laut einer Sage soll die Kamille mit dem heiligen Johannes in Verbindung stehen. Früher machte man daher am Johannistag, dem 24. Juni, einen Kranz aus Kamille an die Haustür, sodass man vor Donner, Blitz und Sturm geschützt war. In alten deutschen Sagen stehen Kamillenblüten für die Seelen von Soldaten, die unter einem Fluch gestorben waren. Früher glaubte man, dass der Rauch der Kamille Zauberkräfte habe, mit dem das Unglück abgewendet werden könne. In der Neuzeit setzte man die Kamille bei Malaria und Schwindsucht ein; man räucherte Kamillenblätter und verwendete den Rauch auch gegen Asthma und Schlaflosigkeit.

Hochwertige Kamillensalbe
Dient der schnellen Wundheilung und ist sehr gut für raue, spröde und rissige Haut.

Zutaten
250 ml Olivenöl
50 g Bienenwachs
50 g Shea- oder Kakaobutter
5 Tropfen Vitamin-E-Acetat (aus der Apotheke)
2 Hände voll klein gehackter Kamillenblüten

Die Zutaten werden in einen Behälter ins Wasserbad gestellt und bei 70 Grad vorsichtig geschmolzen. Die Kamillenblüten dazugeben und bei kleiner Hitze gut 20 Minuten ausziehen (langsam sieden lassen, ohne zu kochen), bis der Sud Geschmack angenommen hat. Durch ein Leinentuch gießen und bis kurz vor dem Festwerden warten und dann das Vitamin-E-Acetat unterheben. In beschriftete Salbentiegel füllen. Diese Salbe ist ca. 1 Jahr haltbar.

Lavendel (Lavandula officinalis)

Der Name des Lavendels wird vom Lateinischen »lavare« abgeleitet, was so viel wie »waschen« bedeutet. Denn schon

früher wurde der Lavendel als Wasch- und Badezusatz benutzt. Gerne wird der Kleider- oder Wäscheschrank mit einem Lavendelbeutel beduftet. Der Lavendel gehört zur Familie der Lippenblütler und kann bis zu 60 cm hoch werden. Die Blütezeit ist im Juli bis August. Dabei haben die Blüten eine unterschiedliche Färbung, von zartviolett bis blauviolett. Zu dieser Zeit wird das Kraut und die Blüten gesammelt und getrocknet. Man sollte beim Ernten darauf achten, dass trockenes und warmes Wetter herrscht. Man trocknet das Kraut an einem schattigen, gut belüfteten Ort. Ursprünglich kommt der Lavendel aus dem Mittelmeerraum. Heute findet man ihn jedoch auf allen Kontinenten. Zum guten Gedeihen benötigt er einen trockenen, sonnigen Platz. Überwiegend wird der Lavendel wegen seinen in ihm enthaltenen ätherischen Ölen angebaut und in unseren Gärten auch zur Zierde.

Innerliche Verwendung findet der Lavendel als Tee. Äußerlich benutzt man das Öl oder Salben und Cremes. Menschen, die unter hohem Blutdruck aufgrund von Stress leiden, kann Lavendel wunderbar helfen, wenn sie sich einen Lavendeltee zubereiten und diesen 3-mal täglich trinken. In der Naturheilkunde wird der Lavendel oft beruhigenden Teemischungen beigemischt. Er hat eine beruhigende Wirkung bei Unruhezuständen, Einschlafstörungen und hilft bei Oberbauchbeschwerden.

Im Mittelalter verwendete man den Lavendel gegen die Pest.

Lavendelcreme
Diese Creme eignet sich hervorragend als Handcreme und ganz besonders nach dem Sonnenbad, denn Lavendel wirkt auch hautberuhigend. Ich liebe diese Creme und verwende sie als Körperlotion nach dem Baden oder Duschen. Sie hat einen wunderbaren Duft.

Zutaten

15 g Bienenwachs
75 g Wollfett
150 g Lavendelöl
120 g Rosenwasser
2–3 Tropfen ätherisches Lavendelöl

Wollfett und Wachs im Wasserbad schmelzen, etwas abkühlen lassen. Warmes Lavendelöl unter das Fett-Wachs-Gemisch rühren, bis es sich gut vermischt hat. Jetzt tropfenweise unter ständigem Rühren das Rosenwasser dazugeben. Durch das Rühren verbindet sich das Fettgemisch mit dem Rosenwasser zu einer cremigen Masse. Anschließend wird das ätherische Öl untergemischt und die Creme kann in Salbendosen abgefüllt werden. Die Creme hält sich bei kühler Lagerung ca. 1 Jahr.

Wenn ich spazieren gehe, habe ich immer ein Lavendelöl (ätherisches Öl) bei mir. Wenn ich von einem Insekt gestochen werde, tupfe ich etwas Öl auf den Einstich und es hört sofort auf zu jucken.

Melisse (Melissa officinalis)

Auch die Melisse kommt ursprünglich aus dem Mittelmeerraum. Wie so viele Heilpflanzen wurde auch sie von den

Mönchen zu uns gebracht. Auch der allen bekannte Melissengeist wurde zuerst von Mönchen hergestellt. Die Melisse verbreitete sich dann aus den Klostergärten heraus und wächst heute an vielen Standorten wild. Die Blätter haben einen zitronigen Geruch, der beim Trocknen noch verstärkt wird. Sie wächst in dichten Büscheln und entfaltet ihre Blumenkrone in der ersten Sommerhälfte. Sie wirkt entkrampfend und beruhigend bei nervösen Magenleiden oder Herzklopfen. Die Melisse ist eine mehrjährige Pflanze und blüht im Juli und August; die Blätter werden im Juni, Juli und August bei trockenem, warmen Wetter gesammelt und im Schatten getrocknet.

In den früheren Epochen war die Melisse für die Volksmedizin unentbehrlich. Die nektarreiche Pflanze wurde oft in die Nähe von Bienenkörben gepflanzt, da sie eine bevorzugte Futterpflanze der Insekten ist und der Duft sie anlockt. Der zitronenartige Geruch, den die frischen Blätter verströmen, brachte der Pflanze auch den Namen »Zitronenmelisse« ein. Dieses Aroma verflüchtigt sich bei längerer Lagerung. Die rauten(ei)förmigen Blätter machten die Melisse zu einem beliebten Herzmittel, bei der man vom äußeren Erscheinungsbild einer Pflanze auf deren Heilwirkung schloss. Für den Arzt Paracelsus (1493-1541) war sie der Inbegriff aller guten Kräfte der Natur: »Melisse ist von allen Dingen, welche die Erde hervorbringt, das beste Kräutlein für das Herz.«

Melissen-Nachtcreme

Die Melissen-Nachtcreme ist vor allem für besonders trockene oder gereizte Haut geeignet, die vornehmlich nachts viel Schutz benötigt. Die Melisse wirkt hautberuhigend, Wollfett und Shea pflegend und schützend, und der Harnstoff wirkt trockener Haut entgegen.

Zutaten

12 ml Melissenölauszug
4 g Tegomuls (aus der Apotheke)
2 g Wollwachs
2 g Sheabutter
45 ml Mineralwasser (ich nehme statt stilles Wasser Rosenwasser)
5 g Harnstoff (aus der Apotheke)
20 Tropfen ätherisches Melissenöl

Melissenöl-Auszug, Wollwachs, Shea und Tegomuls im Wasserbad auflösen. Gleichzeitig Wasser mit dem Harnstoff auch im Wasserbad erwärmen. Wenn die Fettphase sich vollständig aufgelöst hat, wird unter ständigem Rühren die Wasserphase tropfenweise zugeführt. Unter ständigem Rühren die Creme bis auf Handwärme abkühlen und das ätherische Öl zugeben. In beschriftete Salbendosen geben und kühl lagern. Die Creme ist ca. 1 Jahr haltbar.

Melissen-Tagescreme

Diese Creme ist eine sehr leichte, daher eine ideale Sommercreame, weil sie einem Gel ähnelt. Melisse erfrischt und beruhigt die Haut, und der darin enthaltende Cetylalkohol ist besonders leicht und fettet nicht. Die Melissen-Tinktur macht die Creme etwas bräunlich, fördert aber die kühlende Wirkung. Wer sie lieber weiß haben möchte, nehme statt der Tinktur die gleiche Menge Rosenwasser!

Zutaten
10 ml Melissenöl-Auszug
3 g Tegomuls
2 g Cetylalkohol (aus der Apotheke)
50 ml Rosenwasser oder Mineralwasser
10 ml Melissen-Tinktur
20 Tropfen ätherisches Melissenöl

Melissenöl-Auszug, Tegomuls und Cetylalkohol in einem Glas (Fettphase) im Wasserbad erwärmen. In einem anderen Glas wird das Rosenwasser oder Mineralwasser und die Melissen-Tinktur (Wasserphase) im Wasserbad erwärmt. Wenn die Fettphase geschmolzen ist, gießt man die Wasserphase langsam unter ständigem Rühren in die Fettphase, bis die Creme eine puddingartige Konsistenz angenommen hat. Die Creme bis auf Handwärme abkühlen lassen und die 20 Tropfen ätherisches Melissenöl zugeben. Dann kann die Creme in Dosen abgefüllt werden. Kühl gelagert ist sie ca. 1 Jahr haltbar.

Melissen-Creme mit Lanolin und Wollwachsalkoholen

Eine andere Variante dieser Creme wird mit einer Wollwachsalkohol-Salbe (aus der Apotheke) zubereitet. Dadurch vereinigt sie die Vorteile beider Emulgatoren. Sie enthält die pflegenden, schützenden Eigenschaften des Lanolins, ist aber weniger zäh als die reine Wollwachssalbe. Durch die Melisse, die als Ölauszug, Tinktur und ätherisches Öl enthalten ist, hilft die Creme gegen Insektenstiche, Wunden, Geschwüre, Blutergüsse und Quetschungen. Auch gegen Neuralgien, wie z. B. Ischias oder Hexenschuss, kann diese Melissen-Creme helfen. Am besten trinkt man ergänzend noch Melissen-Tee, um die Nerven zu beruhigen.

Zutaten
30 ml Melissenöl-Auszug
5 g Wollwachs
3 g Wollwachsalkohol-Salbe
1 g Bienenwachs
10 ml Melissen-Tinktur
20 ml Rosenwasser oder stilles Mineralwasser
20–30 Tropfen ätherisches Melissenöl

Der Melissenölauszug, das Lanolin, die Wollwachsalkoholsalbe und das Bienenwachs werden in einem Glas zur Fettphase vermischt. In einem anderen Glas wird das Rosen- oder Mineralwasser und die Melissen-Tinktur zur Wasserphase vermischt. Beide Gläser werden in ein heißes Wasserbad gestellt und erhitzt, bis die festen Bestandteile der Fettphase geschmolzen sind. Dann wird die Wasserphase unter ständigem Rühren langsam in die Fettphase gegeben. Man rührt bis die Creme auf Handwärme abgekühlt ist. Danach wird vorsichtig das ätherische Melissenöl untergerührt. Die Creme kann in Salbentiegel gefüllt werden. Bei kühler Lagerung aufbewahrt, hält sie sich ca. 1 Jahr.

Ringelblume (Calendula officinalis)

Die Ringelblume wurde im Jahre 2009 zur Heilpflanze des Jahres gekürt.

Bescheiden steht sie oft am Wegrand und hätte doch mehr Aufmerksamkeit verdient. Sie gehört in jede Hausapotheke als Tinktur, Öl oder Salbe. Mittlerweile findet man die Ringelblume in vielen Gärten und manchmal auch wild an Wegrändern. Sie wird bis zu 60 cm hoch und ihre Blüten leuchten gelb. Man sagt, wenn am Morgen um 7 Uhr die

Blüten noch geschlossen sind, wird Regen kommen und deshalb galt sie früher als Regenanzeiger. Den deutschen Namen bekam sie wegen ihres ringelförmigen Samens. Die Ringelblume ähnelt der Arnika sehr, ist ihr aber in der Heilwirkung weit überlegen. Sie ist eine blutreinigende Pflanze, wirkt zusammenziehend, ist gut für den Kreislauf und fördert die Heilung von Wunden. Sie hilft bei Abschürfungen, Brandwunden, Schnittverletzungen, ist entzündungshemmend, bekämpft Bakterien, Viren und Pilze. Allein die intensive Farbe der Blüten weist auf den hohen Gehalt an Wirkstoffen hin. Die Wirksamkeit der Pflanze war schon Hildegard von Bingen bekannt und sogar dem griechischen Heiler Theophrast.

Die Wirkung der Ringelblume beruht auf der Vielzahl ihrer Inhaltsstoffe. Da sie sehr anspruchslos ist, wächst sie auf fast jedem Boden. Problemlos kann sie in jedem Garten gepflanzt werden und ist damit auch praktisch für die Hausapotheke immer vorhanden. Hier ist das Nützliche mit dem Angenehmen verbunden, denn der Seele tut die Ringelblume gut. Die hellen und heiteren Gelbtöne erfreuen sich einer besonders langen Blütezeit bis in den Herbst hinein. Daher gilt sie als Symbol der Unvergänglichkeit und Treue in der Liebe. Der beste Zeitpunkt für die Ernte ist der Frühsommer, an einem sonnigen Morgen kurz vor Öffnung der Knospen. Dann ist der Wirkstoffgehalt am höchsten. Generell kann die Pflanze von Mai bis Oktober gesammelt werden. Wir benötigen nur die Blütenstrahlen bzw. den ganzen Blütenkopf.

Im Mittelalter wird die Blume erstmals bei Hildegard von Bingen erwähnt. Man kann dies als Indiz dafür nehmen, dass Calendula (das Ringele), wie sie bei der Äbtissin vom Rupertsberg genannt wird, bereits im 12. Jahrhundert Bestandteil der Volksmedizin gewesen ist.

Ringelblumen-Tagescreme

Diese Creme eignet sich für normale, trockene und empfindliche Haut zur täglichen Pflege. Durch das Lanolin und Eucerin wird die Haut gepflegt und zu dem auch geheilt. Cetylalkohol ist ein normaler Bestandteil der Haut und zieht dadurch gut ein.

Zutaten
30 ml Ringelblumenöl
4 g Wollwachs
4 g Eucerin
2 g Cetylalkohol
12 g Tegomuls
100 ml Rosenwasser
50 Tropfen ätherisches Bergamottöl
10 Tropfen Teebaumöl (für die Haltbarkeit)

Man stellt Ringelblumenöl, Wollwachs, Eucerin und Tegomuls als Konsistenzgeber in ein Glas ins Wasserbad zum Schmelzen. In einem anderen Glas wird Cetylalkohol und das Rosenwasser als Wasserphase erwärmt. Wenn das Fett sich vollständig aufgelöst hat, wird die Wasserphase unter ständigem Rühren langsam dazugegeben. Wenn die Salbe auf Handwärme abgekühlt ist, werden die ätherischen Öle (Bergamott und Teebaumöl) untergemischt. In beschriftete Salbendosen abfüllen. Die Creme hält sich bei kühler Lagerung ca. 1 Jahr.

Ringelblumen-Majoran-Thymian-Creme

Dies ist eine gute Allroundcreme gegen vielerlei Hautbeschwerden. Sie wirkt gegen Wunden, leichte Verbrennungen, Ekzeme, Geschwüre, Blutergüsse, Quetschungen und Zerrungen. Durch den Zusatz von Thymian und Majoran erbringt die Creme eine große Heilkraft.

Zutaten
25 ml Ringelblumen-Majoran-Thymian-Öl
12 g Wollwachs
3 g Bienenwachs
25 ml Rosenwasser
20 Tropfen ätherisches Thymian-Öl

Öl, Wollwachs und Bienenwachs im Wasserbad schmelzen. Das Rosenwasser auch etwas erwärmen. Wenn die Fettphase sich vollständig aufgelöst hat, wird das Rosenwasser unter ständigem Rühren tropfenweise hineingeträufelt. Es entsteht langsam eine dickliche Creme. Jetzt wird es Zeit, das ätherische Öl unterzumischen und in beschriftete Salbendosen zu füllen. Bei kühler Lagerung beträgt die Haltbarkeit ca. 1 Jahr.

Ringelblumen-Salbe
Eignet sich für die gleichen Beschwerden wie bei der Creme.

Zutaten
75 g Wollfett
150 g Ringelblumenöl
15 g Bienenwachs

Wollfett, Öl und Bienenwachs im Wasserbad schmelzen. 3 gut gefüllte Hände Ringelblumenblüten (Blütenstrahlen) dazugeben. Das Ganze sollte ca. 20–30 Minuten in dem Fettgemisch ziehen. Es sollte aber nicht zu heiß werden. Bitte nicht rühren, da es eine Salbe wird! Dann wird es durch ein Tuch gefiltert und in Salbendosen gefüllt. Wie alle anderen Salben ist auch sie ca. 1 Jahr haltbar.

Eine kleine Bemerkung für den Anfänger: Beides, Creme und Salbe, sind starke heilende Produkte. Generell ist es so: Eine Creme pflegt, während eine Salbe heilt, z. B. bei Wunden.

Die Rose –
Königin seit Jahrtausenden

»Auge aller Blumen, Zierde der Erde«, so huldigte schon 600 vor Christus die griechische Dichterin Sappho die Rose.

Weit vor dieser Zeit und bis heute hat sie uns Menschen während unserer Kulturgeschichte begleitet. Nicht nur durch die Jahrtausende, sondern auch von Anbeginn eines jeden menschlichen Lebens, bis hin zum Tod, sind Regungen wie Leidenschaft, Freude, Glück und Leid vereint in ihrem Bild gepaart. Mit keiner anderen Pflanze sind wir so vielfältig und eng verbunden. Ob in der Kultur oder Geschichte –

sie begleitet uns seit Jahrtausenden und durfte durch dieses Band eine unvergleichliche Entwicklung erfahren.

Viele der alten Kulturen wussten die Rose als Heilpflanze zu schätzen. Ihre kühlende, zusammenziehende Wirkung sowie ihre heilenden und lindernden Kräfte sind seit der Antike sehr beliebt. Rosenwasser, später auch Rosenöl, wurde in der ägyptischen, ayurvedischen und in der arabischen Medizin eingesetzt. Man nimmt an, dass die Chinesen weit vor uns mit den heilenden Wirkstoffen der Rose vertraut waren. Auch in der griechischen, römischen und mittelalterlichen Heilkunde wurde sie zur Linderung unterschiedlichster Leiden angewendet. In den islamischen Ländern ist Rosenwasser auch heute nicht aus dem Medizinschrank wegzudenken und wird seit jeher bei Schürfwunden, Verbrennungen, Schnittwunden, Pilzkrankheiten und Ekzemen erfolgreich eingesetzt.

Zartduftende Rosen-Tagescreme

Diese Creme kann man zu jeder Jahreszeit benutzen. Sie hat einen schönen Duft und ist im Übrigen meine Lieblingscreme.

Zutaten
10 g fettes Wildrosenöl
50 g Wollfettalkoholsalbe
40 g Rosenwasser
2–3 Tropfen ätherisches Rosenöl oder Geranium-Öl

Das fette Wildrosenöl mit der Wollfettalkoholsalbe verrühren, bis eine homogene Masse entstanden ist. Das Rosenwasser tropfenweise unter ständigem Rühren hinzufügen, bis die gesamte Flüssigkeit emulgiert ist und dann das ätherische Öl untermischen. Die Creme in saubere Tiegel füllen. Haltbar ist sie ca. 1 Jahr.

Viele Kunden schätzen diese besondere Rosencreme, denn sie duftet nicht nur gut, sondern sorgt auch für einen verfeinerten und ausgeglichenen Teint. Mit den positiven Eigenschaften der harmonisierenden und vitalisierenden Rose pflegt die Rosencreme besonders die trockene, feuchtigkeitsarme und empfindliche Haut. Die natürlichen Rhythmen der Haut werden gestärkt und geschützt.

Schafgarbe (Achillea millefolium)

Ihren Namen erhielt die Pflanze wahrscheinlich vom griechischen Helden Achilles. Er hatte gelernt die Heilkräfte der Pflanze zu nutzen. Die Pflanze wurde schon im Altertum verwendet, um Wunden zu heilen und Blutungen zu stillen. Die Kraft der Schafgarbe wird schon seit tausenden von Jahren von den Indianern und den Chinesen genutzt. Sie wird besonders in der Frauenheilkunde wegen der entkrampfenden Wirkung im Beckenbereich eingesetzt. Gesammelt wird im Juli und August; da ist das blühende Kraut besonders wirksam. Man kann die Pflanze einfach auspressen und den Saft trinken oder aus dem getrockneten Kraut einen Tee herstellen. Die Schafgarbe hilft bei Magenbeschwerden und Apetittlosigkeit. Die darin enthaltenen Wirkstoffe regen auch den Kreislauf an, verbessern den Blutfluss zum Herzen und stärken das Immunsystem.

Schafgarben–Tagescreme

Diese Tagescreme ist sehr leicht und zieht schnell ein. Es bleibt kein Film und Fettglanz auf der Haut zurück, daher eignet sich diese Creme sehr gut für fette Haut, aber genauso gut für normale und Mischhaut.

Zutaten
30 ml Schafgarben Öl
8 g Cetylalkohol
12 g Tegomuls
150 ml Rosenwasser
30 Tropfen ätherisches Rosenöl, Bergamottöl
 oder Geranium-Öl

Öl, Cetylalkohol und Tegomuls im Wasserbad erwärmen, das Rosenwasser ebenfalls. Wenn sich die Fettphase vollständig aufgelöst hat, aus dem Wasserbad nehmen und unter ständigem Rühren langsam das Rosenwasser dazugeben. Wenn die Creme emulgiert, also dicklich bzw. puddingartig ist, gibt man die ätherischen Öle dazu. Danach in beschriftete Salbentiegel füllen. Gekühlt ist die Creme ca. 1 Jahr haltbar.

Schafgarben–Wintercreme

Diese Creme eignet sich gut wenn man Winterspaziergänge unternimmt. Sie hinterlässt einen fettartigen Schutzfilm auf der Haut und wirkt durch die Heilkraft des Lanolins vorbeugend heilsam auf die Haut, die durch die Kälte strapaziert wird. Als normale Tagescreme ist sie weniger geeignet, weil sie nicht sehr gut einzieht und einen fettigen Glanz hinterlässt.

Zutaten
30 ml Schafgarben-Öl
15 g Wollwachs
12 g Tegomuls
100 ml Rosenwasser
10 ml Schafgarben-Tinktur

Öl, Wollwachs und Tegomuls im Wasserbad schmelzen, gleichzeitig auch die Wasserphase, Tinktur und das Rosenwasser leicht erwärmen. Wenn sich das Fett aufgelöst hat, wird die Wasserphase unter ständigem Rühren tropfenweise dazugegeben, bis sie emulgiert ist. Wahlweise können nun nach Geschmack ätherische Öle untergemischt werden. Dann die Creme in beschriftete Salbentiegel füllen. Die Creme ist wie alle anderen auch ca. 1 Jahr haltbar.

Schöllkraut [Warzenkraut]
(Chelidonium majus)

Das Schöllkraut ist eine sehr stark wirkende Heilpflanze, die bei hoher Dosierung **giftig** wirken kann. Sie ist ein Verwandter des Schlafmohns, sieht jedoch ganz anders aus.

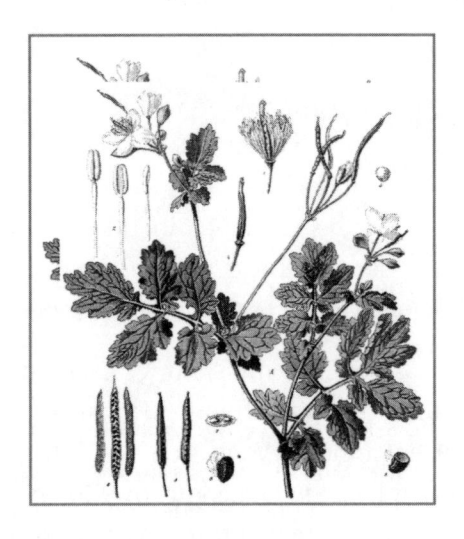

Das Schöllkraut wächst gerne an der Südostseite von Mauern und wird ca. 40–50 cm hoch und der Stängel ist rund, die Blüten gelb und vierblättrig. Dadurch kann man die Pflanze gut gegenüber anderen gelb blühenden Pflanzen unterscheiden. Die Blätter sind hellgrün und behaart und ähneln dem Eichenblatt. Die Pflanze blüht von April bis September und bildet dabei immer wieder neue Blüten nach. Ein deutliches Erkennungsmerkmal, ist der gelbe Saft, der austritt, wenn man ein Blatt oder Stiel abbricht. Die Pflanze ist mehrjährig und gesammelt werden kann sie von Juni bis Juli. Es ist darauf zu achten, beim Sammeln Handschuhe zu tragen, denn der Saft des Krautes ist **giftig** und ätzend auf der Haut. Den Namen »Warzenkraut« hat die Pflanze erhalten, weil man früher und auch heute mit einer Salbe lästige Warzen entfernen kann.

> Das Schöllkraut ist nicht im Sammelkalender aufgeführt, denn es sollte keinesfalls von Laien gesammelt werden. Es zählt zu den apothekenpflichtigen Produkten. Kaufen Sie es daher in bereits gereinigtem Zustand aus der Apotheke, weil es beim Selbersammeln zu leicht verwechselt werden kann.

Schon von alters her ist es eine beliebte, starke Heilpflanze für Leber und Galle. In der Naturheilkunde verwendet man es auch bei Gelbsucht, Leberleiden, Verstopfungen und Gallensteinen. Heutzutage wird der Tee als Einzeldroge fast nicht mehr verwendet, nur mit anderen Kräutern gemischt. Wissenschaftlich nachgewiesen ist die Wirkung des Schöllkrauts bei krampfartigen Beschwerden im Bereich der Gallenblase und im Magen- und Darmtrakt. Das Schöllkraut war die Lieblingspflanze von **Maria Treben**, da sie in ihrem Leben mehrmals durch die Kraft des Schöllkrauts geheilt wurde.

Schöllkrautsalbe

Mit dieser Salbe habe ich schon einige Warzen bei mir und meinem Hund erfolgreich entfernen können.

Zutaten
500 g Schöllkraut (apothekenpflichtig)
½ Liter Olivenöl
70 g Wollfett
20 g Bienenwachs

Das Kraut säubern und klein schneiden. Wollfett und Bienenwachs in einem Topf schmelzen, das Olivenöl und das Schöllkraut dazugeben. Unter ständigem Rühren sanft erwärmen, nicht kochen. Nach ca. 30–40 Minuten durch ein Leinentuch ausdrücken und in den gereinigten Topf zurückgeben. Nochmals erwärmen, damit sich alles gut verbindet. Wenn dies etwas abgekühlt ist, kann die Salbe in Tiegel abgefüllt werden. Sie hält sich ca. 1 Jahr.

Schwedenkräuter aus Omas Apotheke

In Omas Hausapotheke nahmen Schwedenkräuter eine große Stellung ein. Dieses Mittel durfte in keinem Arzneischrank fehlen; es half als Verdauungshilfe nach jedem fetten, schweren Essen und war ein sogenanntes Allheilmittel. Um die Entdeckung des Schwedenbitter rankt sich eine ungewöhnliche Geschichte. Mindestens zwei Ahnherren wird die Erfindung zugeschrieben: einem schwedischen Arzt Dr. Urban Hjärne (1641-1724) und seinem Kollegen Dr. Samst; die Lebensdaten sind nicht bekannt. Sie erreichten dank der Anwendung der Schwedenkräuter ein sehr hohes Alter. Hjärne starb mit 83 Jahren, war dreimal verheiratet und hatte 26 Kinder. Dr. Samst wurde sogar 104 Jahre alt, er starb an den Folgen eines Reitunfalls. An der schwedischen Universität Uppsala studierten beide Medizin. Beide galten zu dieser Zeit als große medizinische Autoritäten. Hjärne war Leibarzt im schwedischen Königshaus und so wurde das Wissen der Heilkräuter auch bald außerhalb der schwedischen Grenzen bekannt. Nach dem Tod von Dr. Samst fand man in seinem Nachlass noch unveröffentlichte Schriften, die sich wie ein Lauffeuer in den Praxen damaliger Ärzte verbreiteten. Die bis dahin geheime Rezeptur der Schwedenkräuter und eine »Alte Handschrift«, die in 46 Punkten die Heilkraft dieser Kräuter erläuterte. Diese

46 Punkte kann man in dem Buch »Gesundheit aus der Apotheke Gottes« von Maria Treben nachlesen. Sie beschreibt dort unglaubliche Heilerfolge. Die Schwedenkräutermischung kann man fertig in der Apotheke, nach Maria Trebens Rezept, kaufen.

Zubereitung
Die Schwedenkräutermischung wird in ein großes Glas geschüttet und mit einem Doppelkorn aufgegossen, sodass die Kräuter gut bedeckt sind. Dieses Glas stellt man ca. 3–4 Wochen auf die Fensterbank in die Sonne. Es sollte täglich einmal kräftig geschüttelt werden. Danach ist die Tinktur zum Gebrauch fertig.

Schwedenkräuter-Salbe
Zutaten
25 ml Olivenöl
4 g Bienenwachs
15 g Wollwachs
25 ml Schwedenkräuter-Tinktur
10 Tropfen Teebaumöl

Bienenwachs, Wollwachs und Olivenöl, also Wachs und Fett, im Wasserbad schmelzen. Unter ständigem Rühren die Schwedenkräuter-Tinktur dazu geben, bis die Creme puddingartig ist. Danach wird das ätherische Teebaumöl dazugetan. Alles nochmals gut umrühren und in Salbentiegel füllen. Diese Salbe hält sich ca. 1 Jahr.

Großer Schwedenbitter

Das Rezept des großen Schwedenbitters ist weniger bekannt als das des kleinen Schwedenbitters. In der ersten Auflage von Maria Trebens weltbekanntem Kräuterbuch war das Rezept des großen Schwedenbitters abgedruckt. In späteren Auflagen fehlte es und Frau Treben schrieb, dass es ursprünglich ohne ihr Wissen gedruckt worden war. Maria Treben selbst hat ausschließlich Erfahrungen mit dem kleinen Schwedenbitter gemacht. Der große Schwedenbitter enthält deutlich mehr Zutaten als der kleine. Doch einige dieser Zutaten muten heutzutage sehr exotisch an, wie z. B. Lärchenschwamm.

Zusammensetzung des großen Schwedenbitters

26 g Aloe oder Wermut
18 g Rhabarber
18 g Theriak
18 g Kalmuswurzel
13 g Myrrhe
9 g Zitwerwurzel
7 g Angelikawurzel
7 g Enzianwurzel
4 g Eberwurz
5 g Lärchenschwamm
2 g Sennesblätter
2 g Kampfer
2 g Tormentill
2 g Bibergail

2 g Muskatblüte
1 g Safran
5 g roter Ton
7 g Kieselerde
35 g Muskatbohne (ist nicht mit der Muskatnuss identisch)
2,5 Liter Doppelkorn

Zusammensetzung des kleinen Schwedenbitters
10 g Aloe oder Wermut
5 g Myrrhe
0,2 g Safran
10 g Sennesblätter
10 g Kampfer
10 g Rhabarberwurzel
10 g Zitwerwurzel
10 g Manna
10 g Theriak
5 g Eberwurzel
10 g Angelikawurzel

Für was Sie sich letztendlich entscheiden bleibt Ihnen überlassen, denn beides hilft. Für eine äußere Anwendung hat die Salbe einen nicht zu verachtenden Vorteil, sie trocknet die Haut nicht so aus wie die Tinktur. Daher empfehle ich beides. Meine Schuppenflechte an den Beinen habe ich erst mit der Tinktur betupft und dann mit der Salbe eingerieben. So ist sie nun geheilt.

Wachholder (Juniperus communis L.)

Der Wachholder gedeiht in ganz Europa auf ödem Land, Mooren und Heiden. Er ist immer grün und kann bis zu 10 Meter hoch werden. Im ersten Jahr sind die Beeren noch grün, die Reife tritt erst im zweiten Jahr ein und färbt die Beeren dann blau bis schwarz. Er blüht von April bis Mai. Gesammelt werden die reifen Beeren nach dem ersten Frost, Ende Oktober und im November. Das Holz wird im Februar und März geschnitten. Die Beeren werden getrocknet.

In der Naturheilkunde hat besonders Pfarrer Kneipp Wachholderbeeren bei rheumatischen Leiden empfohlen. Zu seinen besonderen Eigenschaften zählt seine starke, harntreibende Wirkung. Zudem ist er desinfizierend, hilft bei Verdauungsbeschwerden, reinigt das Blut, lindert Gliederschmerzen und Hautprobleme. Als Bad angewendet, wirkt er antirheumatisch und erfrischend.

In Märchen und Sagen las man oft, dass der Wachholder ein rätselhaftes und geheimnisvolles Gewächs sei und vor Hexen und anderen dämonischen Wesen schütze. Und der Volksglaube der damaligen Zeit hat es angewendet. Wacholder wurde um das Haus gepflanzt, denn er schützt vor Hexen und bösen Geistern. In den Pestzeiten des Mittelalters war und galt er als der wichtigste Schutz vor Ansteckung mit dieser Krankheit. Man räucherte mit ihm Häuser und sogar ganze Dörfer aus. Auch sagte man, ein Trank aus den Beeren soll angeblich die Gabe verleihen, in die Zukunft sehen zu können.

Wachholder-Fußcreme

Diese Creme ist zur Pflege und Massage von Füßen geeignet. Sie nährt spröde, trockene Haut und macht sie geschmeidig, regt die Durchblutung an und lindert geschwollene, müde Füße. Die Creme ist zur Belebung schlecht durchbluteter Füße konzipiert, was z. B. beim diabetischen Fuß oder bei Durchblutungsstörungen und kalten Füßen der Fall ist. Sie eignet sich hervorragend zur Linderung geschwollener Füße; auch kleine Wunden und Ekzeme an den Füßen können mit der Creme behandelt werden.

Zutaten
25 ml Wachholderöl oder Korn (Alkohol)
12 g Wollwachs
5 g Sheabutter
3 g Bienenwachs
25 ml Wachholdertinktur

Ätherische Öle
10 Tropfen Teebaumöl
15 Tropfen Rosmarinöl
15 Tropfen Lavendelöl

Nehmen Sie ein Glas mit Schraubverschluss. Befüllen Sie das Glas mit etwas zerdrückten Wacholderbeeren auf eine Höhe von 2 Dritteln. Darüber gießen Sie das Wachholderöl und die Wacholdertinktur bis das Glas voll ist. Beides lässt man 4–6 Wochen an einem warmen, sonnigen Platz ziehen.

Wachholderöl, Wollwachs, Sheabutter und Bienenwachs im Wasserbad schmelzen. Die Tinktur ebenso im Wasserbad etwas erwärmen. Wenn sich das Fett aufgelöst hat, gibt man die Tinktur unter ständigem Rühren dazu. Zuletzt werden dann noch die ätherischen Öle untergemischt und anschließend wird nochmals alles gut verrührt. Dann kann die Creme in Salbentiegel gefüllt werden. Sie hält sich ca. 1 Jahr.

Hamamelis (Zaubernuss)

Während der Sommer in immer neuen Farben, Formen und Düften schwelgt, hält sie sich im Hintergrund und wartet, bis um sie herum alles zum Stillstand gekommen ist, manchmal sogar bis zum ersten Schnee. Dann, wenn nichts mehr blüht und nichts darauf hindeutet, dass dieser Zustand jemals ein Ende haben könnte, öffnet sie ihre Knospen zu spinnenartigen, leuchtend gelben Blüten, die auch noch bei zehn Grad unter null süß duften. Ein Hauch von Frühling mitten im Winter. Auch ihre Fortpflanzung geht eigenwillig und magisch vonstatten: Aus braunen Fruchtkapseln schleudert sie ihre Samen bis zu vier Meter weit. Zu Recht trägt sie den Namen »Zaubernuss«. Ursprünglich kommt die Pflanze aus Kanada und den USA, aber inzwischen ist sie auch in Europa verbreitet. Sie gehörte zu den traditionellen Heilmitteln der nordamerikanischen Indianerstämme, die mit Umschlägen aus einer Abkochung der Rinde vor allem Tumoren und Augenentzündungen behandelten. Frauen tranken den Sud bei starken Menstruationsblutungen. Über die europäischen Siedler des 18. Jahrhunderts gelangte das Wissen um die Heilkraft der Zaubernuss auch in unsere Breiten.

Ihre Wirkung beruht, wie man heute weiß, in erster Linie auf Gerbstoffen, die sie in großer Menge enthält. Sie wirken austrocknend und sorgen dafür, dass sich die Proteinketten in der Haut zusammenziehen. Dadurch entsteht auf Verletzungen eine Schutzschicht, die Entzündungen hemmt und die Heilung vorantreibt. In einer Studie der Uni in Lübeck erwies sich Zaubernusssalbe als äußerst wirksam bei altersbedingt trockener, rissiger und zu Ekzemen neigender Haut. Sie ist auch ein wirksames Mittel gegen Hämorriden. Extrakte oder Tees aus Hamamelisblättern und Rinde helfen bei Anzeichen von Venenschwäche, bei geplatzten oder verletzten Äderchen und Durchblutungsstörungen der Beine. Auch Krampfadern und Blutergüsse gehen damit schneller zurück.

Wirkung und Anwendung
Afterjucken, Blutungen, Hämorriden, entzündungshemmend, Krampfadern, Neurodermitis, trockene Haut, Venenentzündung, wunde Babyhaut und Wunden.

Verwendet werden die Rinde und die Blätter.
Sammelzeit: Juni – August

Zaubernusstinktur

200 g getrocknete Hamamelisrinde in ein Glas mit Deckel geben und mit 1 Liter 35–40 prozentigem Obstler auffüllen. Das Glas verschließen und gut durch schütteln. Das Glas an einen kühlen und dunklen Ort stellen und alle 2–3 Tage schütteln. Ich entnehme immer nur so viel wie ich benötige, denn die Tinktur ist sehr lange haltbar.

Man sollte die Tinktur nicht unverdünnt verwenden (20 ml Tinktur auf 100 ml Wasser). Bei Blutergüssen und Zysten hilft ein Umschlag, getränkt in einer Mischung aus 25 ml Tinktur und 500 ml Wasser.

Hamamelissalbe

Durch die ätherischen Öle und die Gerbstoffe, die in Rinde und Blättern der Hamamelis enthalten sind, eignet sie sich zur Behandlung von Ekzemen und Wunden. In diesem Salbenrezept sind 20 Tropfen Hamamelistinktur enthalten; dadurch ist sie schon fast eine Emulsion, also eine Creme, aber nur fast. Die Menge der Tropfen ist ziemlich gering. Durch die Tinktur enthält die Salbe auch ein wenig Gerbstoffe.

Zutaten

50 ml Hamamelisöl-Auszug (Blätter oder Rinde in Öl eingelegt – ich benutze die Rinde)

3 g Bienenwachs

20 Tropfen Hamamelistinktur

Hamamelisöl-Auszug und Wachs in einem Glas im Wasserbad schmelzen. Aus dem Wasserbad nehmen und die Hamamelistinktur unter ständigem Rühren in das heiße Hamamelisöl-Wachsgemisch geben. Damit sich die Hamamelistinktur mit der Salbe verbindet, sollte sie bis zum Erkalten ab und zu umgerührt werden. Dann kann die Salbe in Dosen gefüllt werden. Bei kühler Lagerung hält sie sich ca. 1 Jahr.

Knoblauch
(Allium sativum)

Der Knoblauch gehört zu den ausdauernden Kräutern und ist ein Zwiebelgewächs. Er blüht von Juli bis September, die Zwiebel sollte im August gesammelt werden. Bereits im alten Ägypten war der Knoblauch bekannt. Angeblich aßen die Pyramidenbauer Knoblauch, um sich vor Krankheiten zu schützen. Dies ist wahrscheinlich auf die antibakterielle Wirkung der frischen Pflanze zurückzuführen. Täglich nur 4 g einer frischen Zehe eingenommen, kann den Cholesterinspiegel senken und sich auch gegen Gefäßveränderungen positiv auswirken. Knoblauch wird gegen Bluthochdruck und Arterienverkalkung eingesetzt. In der Pflanzenheilkunde verwendet man Knoblauch auch bei infektiösen Darmerkrankungen. Regelmäßiges Essen von

Knoblauch erhöht den Schutz vor Magen-Darm-Erkrankungen, die durch Viren, Bakterien und Pilze verursacht werden. In der Naturheilkunde hat sich Knoblauch als stark antibiotische Pflanze bei Bronchialkatarrhen und bakteriellen Magen- und Darmstörungen bewährt. Äußerlich hilft er als Saft gegen rheumatische Beschwerden, stark schmerzende Körperteile und Herpes.

Bei den alten Griechen war es verboten, nach dem Verzehr von Knoblauch einen Tempel zu betreten – man hätte die Götter erzürnen können. Auch bei der römischen Oberschicht galt das Essen von Knoblauch seit der Kaiserzeit als unfein. Der griechische Arzt Dioskurides beschrieb in seiner Materia Medica, dem wichtigsten Arzneibuch der Antike (1. Jh. n. Chr.), den Knoblauch. Er schrieb der Pflanze beachtenswerte Wirkungen zu: »Sie soll sich nicht nur zur Stärkung der Verdauung, bzw. gegen Verdauungsbeschwerden und zur Abwehr von Darmwürmern eignen, sondern wird auch besonders als Mittel gegen Vergiftung gelobt, egal ob sie durch einen Tierbiß oder durch das Trinken von verdorbenem Wasser hervorgerufen worden ist.« Auch bei Erkältungskrankheiten wie Husten und rauem Hals sowie bei Hauterkrankungen wurde Knoblauch eingesetzt. Hildegard von Bingen schrieb nieder, »das nur der roh verzehrte Knoblauch seine Kräfte vollständig weitergeben kann«. Sie empfahl aber auch, den Knoblauch nur maßvoll zu essen, damit das Blut im Körper nicht übermäßig erwärmt werde.

In der heutigen Zeit wird der Knoblauch vor allem gegen die verschiedensten Arten von Darmkrankheiten eingesetzt, so auch durch Albert Schweitzer in Afrika.

Schon seit Urzeiten galt der Knoblauch als Schutzpflanze gegen Vergiftungen, und auch als Mittel das vor Bosheit und Zauber schützt. Dies hat sich bis heute, durch den Roman und Film »Dracula« und den Vampiren, erhalten. Der Sage nach, wuchs der Knoblauch dort, wo der Teufel beim Verlassen des Paradieses seinen linken Fuß hinsetzte.

In der Antike verwendete man den Knoblauch zur Steigerung der Libido und der Potenz. Ein alter ägyptischer Papyrus erwähnt den Knoblauch zur Geburtshilfe, bei Menstruationsstörungen und Erkrankungen der weiblichen Geschlechtsorgane. Heutzutage hat man herausgefunden, dass die natürliche Gleitflüssigkeit der Frauen die gleichen Bestandteile enthält wie das flüchtige Öl des Knoblauchs. Und wenn man dazu in manchem Lehrbuch der Homöopathie nachschlägt, kann man sich vorstellen, dass der Knoblauch tatsächlich eine Wirkung auf die weiblichen Geschlechtsorgane hat.

Wirkung und Anwendung
Arteriosklerose, Bluthochdruck, gegen Infektionen, Herpes, zu hoher Cholesterinwert, Magen- und Darminfektionen, Resistenzsteigerung, Verkalkung, Bluthochdruck, Arterienverkalkung und vieles mehr.

Täglich 4 g einer frischen Zehe essen.

In der Tat wäre Knoblauch ein billiges und wirksames Heilmittel gegen viele unserer modernen Krankheitssymptome, wenn man danach nur nicht so aus allen Poren riechen würde!

Propolis

Bevor ich zu den Ölen komme, möchte ich ihnen noch etwas ganz Besonderes vorstellen: Propolis – das Heilmittel, welches uns die Bienen schenken. Sie sind nützliche Tiere und sollten auf keinen Fall sinnlos getötet werden. Denn ohne die fleißigen Bienen sähe unsere Welt traurig aus.

Wenn die Biene einmal von der Erde verschwindet, hat der Mensch nur noch 4 Jahre zu leben. Keine Bienen mehr, keine Bestäubung mehr, keine Pflanzen mehr, keine Tiere mehr, kein Mensch mehr.
(Zitat von Albert Einstein)

Propolis, das Bienenharz, ist ein natürliches Antibiotikum. Aus der Schutzaufgabe leitet sich der Name ab, denn Propolis bedeutet: Beschützer der Stadt (des Bienenstocks). Da sich in einem Bienenstock schnell Bakterien, Viren und

Pilze vermehren würden, schützt das Propolis vor der Ausbreitung dieser Krankheitserreger. Die Bienen dichten damit kleinste Öffnungen und Spalten ab, damit Krankheitserreger erst gar nicht in den Bienenstock gelangen. Zudem werden auch Reste von Nahrung darin konserviert, damit sie nicht verwesen. Grundsubtanz von Propolis sind harzige Stoffe aus den Rinden und Knospen verschiedenster Pflanzen; sehr gern verwenden die Bienen jedoch Kiefern, Pappeln, Fichten, Weiden, Kastanien, Tannen und Birken. Diese Harze werden dann durch den Speichel der Bienen und durch ständiges kauen zu dem verarbeitet, was man Propolis nennt. Interessant ist in diesem Zusammenhang auch, dass bereits im alten Ägypten Propolis zum Einbalsamieren von Mumien verwendet wurde.

Die Wirkung von Propolis ist schmerzlindernd und entzündungshemmend und es fördert die Wundheilung. Es kann äußerlich und innerlich angewendet werden.

Propolis kann man als Creme, Salbe, Tinktur oder Pulver kaufen. Doch lassen Sie sich nicht von diversen Angeboten locken, Propolis sollte man nur entweder bei einem Imker oder in der Apotheke erwerben. Genauso gut können Sie alles selbst herstellen.

Propolis-Tinktur

Diese kann aus Propolis-Harz oder aus Propolis-Pulver hergestellt werden. Die Tinktur ist äußerlich entweder pur oder verdünnt mit Wasser, Tee oder Milch zu verwenden. Eingenommen wird sie nicht. Sie eignet sich auch zur Einarbeitung in Salben und Cremes.

Zutaten
50 g Propolis (Harz oder Pulver)
100 ml 70%igen – 95%igen Weingeist (aus der Apotheke)

Zum Auflösen der Wirkstoffe benötigt man einen hochprozentigen Weingeist, damit sich die harzigen Substanzen gut lösen können.

Schütten Sie das Propolis-Pulver in ein Schraubdeckelglas. Das Pulver wird mit dem Weingeist übergossen und das Glas verschlossen. An einem warmen Ort ca. 5–6 Wochen ziehen lassen. Dann kann die Tinktur in eine dunkle (grüne oder braune) Flasche abgefiltert werden. Mit einer Filtertüte oder durch ein Tuch funktioniert das Abfiltern sehr gut. An einem kühlen Ort ist sie mindestens 1 Jahr haltbar.

Propolis-Salbe
Zutaten
50 ml Olivenöl
3 g Bienenwachs
2 g Bienenhonig
20–30 Tropfen Propolis-Tinktur

Die Zutaten bereitstellen, Öl und Bienenwachs in einem Glas im Wasserbad schmelzen. Das Glas aus dem Wasserbad nehmen und etwas abkühlen lassen. Wenn die Flüssigkeit anfängt anzudicken kommt der Honig dazu. Den Honig gut einrühren und dann die Tinktur untermischen bis eine gleichmäßige Masse entstanden ist. Dann kann die Salbe in saubere beschriftete Tiegel gefüllt werden.

Propolis-Salbe mit Wollfett – eine weitere Variante
Zutaten
50 ml Olivenöl
2 g Bienenwachs
2–4 g Wollfett
20–80 Tropfen Propolis-Tinktur

Die Zutaten bereitstellen, Öl und Bienenwachs in einem Glas im Wasserbad schmelzen. Das Glas aus dem Wasserbad nehmen und etwas abkühlen lassen. Wenn die Flüssigkeit anfängt anzudicken, kommt das Wollfett dazu. Das

Wollfett gut einrühren und dann die Propolis-Tinktur untermischen bis eine gleichmäßige Masse entstanden ist. Dann kann die Salbe in saubere, beschriftete Tiegel gefüllt werden.

Propolis-Creme
Zutaten
30 ml Olivenöl
15 g Wollfett
4 g Bienenwachs
25 ml Rosenwasser
50 Tropfen Propolis-Tinktur

Das Rosenwasser wird mit der Propolistinktur vermischt. Die Fettphase bestehend aus Wollfett und Bienenwachs wird im Wasserbad geschmolzen und die Wasserphase wird auch im Wasserbad leicht erwärmt. Wenn die Fettphase geschmolzen ist, wird unter ständigem Rühren die Wasserphase untergemischt, bis sich eine glatte Creme gebildet hat. Wenn die Creme abgekühlt ist kann sie in Tiegel abgefüllt werden. Die Creme ist bei kühler Lagerung 1 Jahr haltbar.

Mein Sohn hatte eine Rapsallergie. Jedes Mal, wenn er in die Nähe eines Rapsfeldes kam, lief ihm die Nase und er bekam ganz dicke Augen. Ich ging zu einem Imker in unserer Nähe und kaufte einen Rapshonig. Jeden Morgen gab ich ihm einen Teelöffel Honig zu essen. Nach kurzer Zeit war er beschwerdefrei. Der biologische Kreislauf hatte sich geschlossen – die Bienen waren es, die ihm geholfen hatten.

Bitte dabei beachten! – Es bringt nichts, in den Supermarkt zu gehen und dort irgendeinen Honig zu kaufen, der Honig sollte schon aus Ihrer Gegend stammen und Sie sollten sich sicher sein, das er biologisch rein ist. Imker gibt es fast überall.

Rezepturen für Öle

Für folgende Rezepturen verwenden Sie bitte nur ätherische Öle!

Hinweis
Bei allen Rezepturen, die ätherische Öle enthalten, sollte zuerst überprüft werden, ob eine Allergie gegen eines der Öle besteht.

Rezept für die sonnenverwöhnte Haut
4 ml Avocadoöl
4 ml Traubenkernöl
20 Tropfen Lavendelöl
5 Tropfen Weihrauchöl

Rezept für die strapazierte Haut
5 kleine TL Sheabutter
2 ml Avocadoöl
3 ml Traubenkernöl
2 Tropfen Rosenöl
1 Tropfen Patschuliöl
2 Tropfen Lavendelöl

Rezept für die empfindliche Haut
5 kleine TL Sheabutter
2 ml Avocadoöl
2 Tropfen Rosenöl

Rezept für die junge Haut
9 ml Traubenkernöl
10 Tropfen Bergamottöl
2 Tropfen Palmerosaöl
¼ TL gemahlener Bernstein

Rezept für die reife Haut
4 ml Avocadoöl
4 ml Traubenkernöl
4 Tropfen Rosenöl
2 Tropfen Geraniumöl
1 Tropfen Neroliöl
¼ TL gemahlener Bernstein

Vermischen Sie diese Öle gründlich und füllen Sie sie in eine Braunglasflasche ab, die es bereits ab einer Größe von 5 ml zu kaufen gibt. Die Öle halten sich, wenn sie dunkel gelagert werden, ca. 1 Jahr. Dies gilt auch für die nachfolgenden Öle.

Ganzkörperöle

Gönnen Sie ihrer Haut den Luxus dieser optimalen, aufeinander abgestimmten Zutaten.

Öl für die harmoniebedürftige Haut
10 ml Avocadoöl
1 Tropfen Rosenöl
1 Tropfen Geraniumöl
1 Tropfen Palmerosaöl
1 Tropfen Patschuliöl
Ausreichend für 1 bis 2 Anwendungen

Sinnliches Massageöl
Es ist ein sinnliches Vergnügen, das gemeinsam mit dem Partner zu einem Hochgenuss führt. Es ist gedacht für entspannte romantische Stunden, eingeleitet durch eine stimmungsvolle Massage, mit einem liebevoll komponierten Massageöl. Der exotische, elegante Duftklang wird Ihre Sinne bezaubern, Ihren Geist beflügeln und die stimmungsvollen Stunden zu zweit mit seinem Zauber begleiten.

10 ml Traubenkernöl
5 Tropfen Neroliöl
5–10 Tropfen Rosenöl
Ausreichend für 1 bis 2 Anwendungen

Pflegeöl für Kinder

Zarte Kinderhaut liebevoll unterstützt, mit kostbaren Essenzen begleitet von einem leichten, blumigen, luftigen Duft.

4 ml Avocadoöl
4 ml Traubenkernöl
1–2 Tropfen Lavendelöl (für ein Bad)

Rezepturen für Bäder

Genau wie bei den Ölen beschrieben, gelten für entspannende Bäder die gleichen Voraussetzungen: Vermischen Sie diese Öle gründlich und füllen Sie sie in eine Braunglasflasche ab, die es bereits ab einer Größe von 5 ml zu kaufen gibt. Die Öle halten sich, wenn sie dunkel gelagert werden, ca. 1 Jahr. Dies gilt auch für die nachfolgenden Öle.

Entspannungsbad nach dem Sonnenbad
1 ml Avocadoöl
10 tropfen Lavendelöl
1 Tropfen Weihrauchöl (für ein Bad)

Entspannungsbad bei Stress
1 ml Avocadoöl
1 Tropfen Palmerosaöl
2 Tropfen Patschuliöl (für ein Bad)

Kinderbad
1 ml Avokadoöl
1 Tropfen Lavendelöl (für ein Bad)

Babybad
1 ml Avocadoöl
1 Tropfen Rosenöl (für ein Bad)

Rezepte für 5 bis 6 Vollbäder

Beruhigungsbad
Dieses Bad wirkt beruhigend und hilft auch gegen Einschlafstörungen.

80 ml Olivenöl
10 ml Mulsifan (aus der Apotheke)
5 ml Lavendelöl
5 ml Melissenöl

Erkältungsbad
Die durchblutungsfördernde Wirkung dieser ätherischen Öle wärmt die Haut und gleichzeitig wirken sie auf die Atmung und die Nase wird wieder frei.

80 ml Olivenöl
10 ml Mulsifan (aus der Apotheke)
5 ml Eukalyptusöl
5 ml Fichtennadelöl
5 ml Thymianöl
5 ml Rosmarinöl
5 ml Pfefferminzöl

Liebesbad
Ein unwiderstehlicher Duft. Wirkt aphrodisierend.

80 ml Olivenöl
10 ml Mulsifan (aus der Apotheke)
6 ml Sandelholzöl
3 ml Ylang-Ylangöl
1 ml Jasminöl

Bad gegen Trennungsschmerz
Nach diesem Bad ist der treulose Liebhaber schnell vergessen. Bergamotte stimuliert und ist aufheiternd. Genau richtig um tragische Momente aufzufangen.

80 ml Olivenöl
10 ml Mulsifan
6 ml Muskatellersalbeiöl
2 ml Bergamottöl
2 ml Ylang-Ylangöl

Verführungsbad
Mit diesem Bad gelingt jede Verführung, wenn man erst mal den Partner in der Wanne hat.

80 ml Olivenöl
10 ml Mulsifan
2 ml schwarzes Pfefferöl
6 ml Muskatellersalbeiöl
2 ml Jasminöl

Das Bad für die Seele
Ein unheimlich entspannendes Bad. Es öffnet die Sinne.

40 ml Johannisblütenöl
80 ml Olivenöl
5 ml Sandelholzöl
5 ml Benzoe-Siam-Öl
5 ml Jasminöl
5 ml Bergamottöl

Wer will kann noch eine Handvoll Rosenblätter ins Badewasser geben.

Schlusswort

Auf vielfachen Wunsch meiner lieben Kunden und Leser, habe ich mich entschlossen einen Teil meiner Rezepturen zu veröffentlichen. Doch das ist nicht alles, ständig forschen wir, sind kreativ, und lernen dazu. Dabei gibt es noch so vieles, was die ganze Heilkraft der Natur für uns bereithält – wir müssen sie nur nutzen.

Pfarrer Kneipp sagte einst: »Für jedes Zipperlein hat's der Liebe Gott uns ein Kraut geschenkt.« Also, nutzen auch Sie die natürlichen Heilmittel, denn Chemie verwenden wir doch schon genug. Ich möchte meiner Haut keine Chemie mehr zumuten, denn meine Cremes bestehen nur aus Natur pur. Verspürten Sie beim Lesen Lust auf »Natur pur«? Wenn ja, so probieren Sie es doch einfach aus. Doch wundern Sie sich nicht, wenn Sie dabei entdecken, dass Ihre hausgemachten Cremes und Salben so ganz anders sind, als herkömmliche aus dem Regal im Supermarkt oder aus Drogerien.

Ein alter Spruch lautet: »Schönheit kommt von innen.« Das ist richtig, aber man sollte sich auch gesund ernähren und vor allem viel trinken. Unser Körper und unsere Haut ist dankbar dafür.

Über die Autorin

Monika Fritz, geb. in Frankfurt am Main, befasst sich seit über 10 Jahren mit Esoterik und besonders mit Heilpflanzen. Das führte mit den Jahren dazu, dass sie sich, nachdem ihre Kinder das Elternhaus verließen, tiefer in die Materie einarbeitete. Nun folgte ein intensives Studium über Kräuter und Harze, welches durch ihre täglichen Arbeiten mit Kräutern, Düften, Heilsteinen, Büchern, Räuchermischungen und Ritualgegenständen sich rasch entwickelte und in der Praxis bewährte.

Als ein Hautarzt bei ihr eine, laut Arzt, »unheilbare Schuppenflechte« feststellte, fing sie an, sich mit Heilsalben und Tinkturen intensiv zu befassen. Ihre Schuppenflechte hat sie geheilt. In der Zwischenzeit sind es zahlreiche Rezepturen geworden, die sich jeder selbst herstellen kann.

Quellen

Literatur
Treben, Maria: Gesundheit aus der Apotheke Gottes, Steyr: W. Ennsthaler 1980

Abbildungen: Heilkräuter-Kräuterverzeichnis

Wohlfühltipps

Monika Fritz

Räuchern *mit exquisiten*

Mischungen zum selber machen

Eine gute Räucherung entspannt Körper, Geist und Seele. Sie transformiert schlechte Schwingungen und weckt die Inspiration des Geistes. Die Autorin bietet außer ihrem fundierten Sachwissen viele originale und eigene Rezepte an. Es ist ein kleines Nachschlagewerk zu fantastischen Düften, die Sie selbst zusammenstellen können.

112 Seiten, kartoniert, ISBN 978-3-942128-03-2

Erhältlich im Buch- und Fachhandel

Fordern Sie bitte unser Gesamtverzeichnis an!
CORONA • Postfach 76 02 65 • 22052 Hamburg
Tel. 040 64221022 • Fax: 040 64221023
E-Mail: corona-hamburg@t-online.de
www.corona-verlag.de